Friedrich Wilhelm

Wählen mit 16

Wahlrechtsreform in Österreich

Diplomica Verlag GmbH

Wilhelm, Friedrich: Wählen mit 16: Wahlrechtsreform in Österreich.
Hamburg, Diplomica Verlag GmbH 2013

Buch-ISBN: 978-3-8428-9487-7
PDF-eBook-ISBN: 978-3-8428-4487-2
Druck/Herstellung: Diplomica® Verlag GmbH, Hamburg, 2013

Bibliografische Information der Deutschen Nationalbibliothek:
Die Deutsche Nationalbibliothek verzeichnet diese Publikation in der Deutschen
Nationalbibliografie; detaillierte bibliografische Daten sind im Internet über
http://dnb.d-nb.de abrufbar.

© Diplomica Verlag GmbH
Hermannstal 119k, 22119 Hamburg
http://www.diplomica-verlag.de, Hamburg 2013
Printed in Germany

Danksagung

Diese Arbeit stellt den Abschluss des Universitätslehrganges „Politische Bildung" an der Donau-Universität Krems dar. An dieser Stelle möchte ich mich bei allen bedanken, die mich während des Studiums und der Erstellung der Seminararbeiten sowie dieser Master Thesis unterstützt haben und mit Rat und Tat zur Seite standen.

Mein besonderer Dank gilt meinem Betreuer Dr. Flooh Perlot, der mich während des Studiums bei einer Seminararbeit und dieser Master Thesis durch die Erstellung geführt hat. Durch seinen authentischen Vortrag bei dem Seminar Partizipation bin ich auf die Idee gekommen, über dieses Thema zu schreiben, und seine Ratschläge waren es auch, die eine kontinuierliche Verbesserung der Arbeit maßgeblich bewirkt haben. Er hatte auch jederzeit ein offenes Ohr für meine Fragen und Vorschläge.

Ein weiterer Dank gilt den Dozentinnen und Dozenten des Lehrganges, die mich durch ihre Erfahrungen und Inputs in diesem für mich wichtigen Lebensabschnitt begleitet haben. Auch danke ich Frau Mag.[a] Daniela Rippitsch, Alpen-Adria Universität Klagenfurt, und Frau Dr.[in] Christina Hainzl, Donau-Universität Krems, für die administrative Betreuung während der Studienzeit.

Ein besonderer Dank geht an die Direktoren DI Johann Wiedlack, HTBLuVA St. Pölten, der mir das Studium ermöglichte und an ihn und OSR Ing. Herbert Zant, LBS Langenlois, die mir beide die Befragung an ihren Schulen gestatteten. Ebenso danke ich den Kollegen BOL Johann Edlinger und VTL Christian Schrammel, BEd der LBS Langenlois sowie Prof. Mag. Albert Mosgöller und Prof. Mag. Franz Wieser der HTBLuVA St. Pölten, die mir zu den abschließenden Statements zur Verfügung standen.

Meiner Familie, besonders meiner Gattin, danke ich für das liebevolle Verständnis, wenn ich wieder einmal stunden- oder tagelang vor Büchern und dem Rechner saß und für ihre Wünsche nicht immer sofort ein offenes Ohr hatte. Danke auch für die Motivation, durchzuhalten.

Kurzfassung

Als im Jahr 2007 in Österreich das Wahlrecht reformiert wurde und erstmals weltweit 16jährige das passive Wahlrecht bei einer Nationalratswahl erhielten, ging dies mit einer breiten Diskussion einher. Die vorliegende Masterthesis soll untersuchen, was die Jugendlichen selbst von dieser Möglichkeit halten, wie bzw. wo sie sich politisch informieren, wie sie sich selbst einschätzen in Bezug auf Partizipation an der Gesellschaft und wo sie sich selbst im politischen System positionieren. Die Untersuchungen basieren auf einem Fragebogen. Diese Befragung wurde im Juni 2011 in einer höheren technischen Schule und in einer gewerblichen Berufsschule unter der Altersgruppe der 15 – 18jährigen durchgeführt. Ein weiterer Bestandteil dieser Untersuchung ist, ob es auffällige Unterschiede im Bildungsniveau zu diesen Fragen gibt. Es wurden für diese Befragung ausschließlich männliche Probanden gewählt, da aufgrund der beiden zur Verfügung stehenden Schultypen keine ausreichend große Gruppe weiblicher Befragungspersonen zur Verfügung stand. Die Aussagekraft beschränkt sich somit auf männliche Personen.

Abstract

The reformation of the Austrian voting right in 2007 where 16-year-olds were first granted passive electoral rights was accompanied by an extensive discussion. The underlying Master Thesis will examine the opinion of adolescents regarding this opportunity. It is also of interest to find out how and where young people retrieve political information, how they evaluate their participation in society, and where they see their position in the political system. The study is based on a questionnaire. It was conducted both at a technical school, and an industrial vocational school among 15- to 18-year-olds in June 2011. Another part of the survey was to detect remarkable differences within the level of education concerning these questions. Based on the insufficient number of female students in both schools, only male subjects were included in the study. Thus, the significance of the results is limited to male participants.

Inhaltsverzeichnis

4

Tabellenverzeichnis

Abbildungsverzeichnis

1 Vorwort

Die Idee, eine Seminararbeit zum Thema „Wählen mit 16" zu schreiben, kam mir während des Seminars *Modul 2 – Politik und Medien*. Hier wollte ich primär mein Wissen über die Technik der Befragung erweitern und den Umgang mit dem Werkzeug des Fragebogens erlernen. Der grundlegende Gedanke dahinter liegt einige Jahre zurück. Während des Studiums zur Lehramtsprüfung hatte ich für die damalige Diplomarbeit schon einmal einen Fragebogen entwickelt, aber diese Thematik nur rudimentär gestreift. Die komplette Ausarbeitung wurde seitens des Betreuers erledigt, ich hatte nur die Ergebnisse zu kommentieren. Diese Arbeit hatte *Motivation* als zentrales Thema. Hier sah ich nun die Möglichkeit, mich in dieses interessante Thema der Befragung zu vertiefen.

Im darauffolgenden Seminar, *Politische Beteiligung*, reifte dann in mir die Idee, die Seminararbeit zu einer Master Thesis auszubauen, da in diesem Seminar unter anderem auch das Thema *Wählen mit 16* behandelt wurde und es gut zu meiner Arbeit über die Meinungsforschung passte. Ich unterrichte in der Werkstätte der HTBLuVA St. Pölten und meine Schüler sind größtenteils zwischen 16 und 18 Jahren alt, also genau das *Zielpublikum* dieses Bereiches. Meine Gattin unterrichtet in der LBS für Maurer, ebenfalls die gleiche Altersgruppe, und wir diskutieren natürlich öfters über die Unterschiede unseres Klientels. So ergab sich fast zwangsläufig, dass ich Unterschiede oder Gemeinsamkeiten in Bezug auf das Bildungsniveau ebenfalls in die Arbeit einfließen lassen werde bzw. in einigen Punkten genauer beleuchten werde. Was ich aber auf keinen Fall möchte, ist eine Wertung zwischen Schülern einer höheren Schule und Berufsschülern zu treffen. Das wissenschaftliche Interesse besteht rein darin, ob ein auffälliger Unterschied zu entdecken ist oder ob die Gemeinsamkeiten dieser Altersgruppe ausschlaggebend sind.

Die Befragung meiner Schüler habe ich nach Einverständnis meines Direktors natürlich selbst vorgenommen, in der Berufsschule hat mich meine Gattin, ebenfalls nach Einverständnis ihres Direktors, mit der Befragung unterstützt und den Kontakt zu den beiden politischen Bildnern hergestellt, die ich um ein Kommentar zu meinen Ergebnissen bat.

Während meine Seminararbeit zu dieser Thematik die Einstellung bzw. Meinung der Parteien betraf, untersucht diese Master Thesis die Meinung der betroffenen Jugendlichen. Leider war der zeitliche Ablauf der Seminare und meine Entscheidung bzw. Vorbereitungen mit dieser Arbeit nicht optimal, denn als ich dieses Thema gewählt hatte und das Design des Fragebogens fertig war, bemerkte ich, dass der Maturajahrgang 2010/2011 genau die betroffene Altersgruppe war, die 2008 erstmals als 16jährige zur Nationalratswahl zugelassen war. Dieser Maturajahrgang war zu diesem Zeitpunkt leider bereits außer Haus und somit für mich flächendeckend nicht mehr erreichbar. Somit habe ich die aktuell 15 – 18jährigen Schüler befragt, nur haben diese noch nicht gewählt und zum Zeitpunkt der Befragung war auch keine Wahl in Vorbereitung.

2 Einleitung

Im Zuge der 24. Sitzung des Nationalrates wurde am 5. Juni 2007 das seit 1992 in dieser Form bestehende Wahlrecht in Österreich geändert. Unter anderem wurde das aktive Wahlrecht bei Nationalratswahlen auf 16 Jahre gesenkt. Aktiv bedeutet, dass eine Person wählen darf, im Gegensatz dazu bedeutet passiv, dass eine Person gewählt werden kann. Hier beträgt das Alter 18 Jahre, bzw. für das Amt des Bundespräsidenten 35 Jahre. Österreich nimmt mit dieser Senkung weltweit gesehen eine Vorreiterrolle ein. Die Erkenntnisse und Erfahrungen unseres Heimatlandes sind natürlich auch für andere Staaten wertvoll.

Die Diskussionen zu dieser Thematik betrafen vor allem einen vermeintlichen Mangel dieser Altersgruppe an Wissen um die Vorgänge der Politik, an Desinteresse und nötiger geistiger Reife um die Tragweite einer Wahlentscheidung zu erfassen. Politik ist nicht alleine Sache der Erwachsenen, sondern Kinder und Jugendliche machen durch ihre bloße Anwesenheit ebenfalls Politik, analog zu Paul Watzlawicks Theorie: man kann nicht nicht kommunizieren. Eltern und Staat vertreten die Anliegen dieser Interessensgruppe mit. Mit der Wahlrechtsreform wurde der Mangel beseitigt, dass „gegenwärtig die Betroffenen selbst nicht über ihre Zukunft mitbestimmen" (Oerter, 1998, p. 33).

Bei all diesen Diskussionen, privat wie öffentlich, nahmen hauptsächlich Erwachsene teil, die direkt betroffene Altersgruppe der Jugendlichen wurde hierbei fast gänzlich außer Acht gelassen. Diese Untersuchung soll nun einen Teil dessen nachholen und einige dieser Fragen dahingehend beantworten, dass ein Teil der Jugendlichen, respektive in meinem beruflichen Umfeld, selbst mittels einer durchgeführten Befragung im Juni 2011 in der HTBLuVA St. Pölten und in der LBS Langenlois zu Wort kommt.

3 Hypothese und Forschungsfragen

3.1 Hypothese

Die Jugendlichen in ihrer Gesamtheit sind politisch uninteressierte und unreife Personen, die leicht zu beeinflussen sind und durch ihr mangelndes Verantwortungsbewusstsein auch nicht an der sozialen Struktur der Gesellschaft teilhaben wollen. Sie wollen selbst auch nicht am politischen Leben partizipieren und werden die Wahlbeteiligung durch ihr Fernbleiben weiter senken und die politische Legitimation dadurch reduzieren.

3.2 Forschungsfragen

Aus dieser Hypothese wurden folgende Forschungsfragen generiert:

3.2.1 Politikinteresse

Sind Jugendliche an Politik interessiert und haben sie auch die notwendige Einsichtigkeit und das Verantwortungsbewusstsein, politische Entscheidungen zu treffen?
Werden die Erwachsenen in die Meinungsbildung eingeschlossen oder hat nur die Peer-Group Einfluss?

3.2.2 Struktur

Lässt sich *die Jugend* so verallgemeinern oder gibt es altersmäßige respektive demografische Unterschiede in der Auffassung bzw. Meinungen?

3.2.3 Partizipation

Nehmen Jugendlichen am politischen gesellschaftlichen Leben teil oder leben sie in einer Parallelgesellschaft bzw. Subkultur, in der sie abgeschottet sind?

4 Vorbedingungen zur Herabsetzung des Wahlalters

4.1 Politische Reife

Der erste Punkt, der vielen einfällt, wenn das Thema *Senkung des Wahlalters* angesprochen wird, ist wohl die Reife der Jugendlichen im Allgemeinen und die politische Reife im Besonderen. Natürlich, eines steht unbestritten fest, sie können naturbedingt noch nicht über den Erfahrungsschatz der Erwachsenen verfügen. Allerdings ist dies nur auf den ersten Blick ein vermeintlicher Nachteil. Sie können doch auf den Erfahrungsschatz ihrer Bezugspersonen, das sind in erster Linie die Eltern, aber auch anderen Familienmitglieder oder weitere Erwachsene in Vertrauenspositionen wie Trainer, Vereinsobmann, Lehrer usw. zurückgreifen und sind weiters in ihrer Entscheidungsfindung relativ unbelastet, können sich also ein Urteil auch rein auf recherchierten Fakten bilden, ohne Vorbelastung oder Vorschusslorbeeren.

Jugendlichen wird oft nicht zugetraut, dass sie folgerichtig urteilen können, da sie zu unreif, verspielt und leicht zu beeinflussen seien. Dies ist wiederum nur zum Teil richtig. Jugendliche befinden sich auf dem Niveau des formal-logischen Denkens, dies ist das höchstmögliche Denkniveau. Weitere „Denkmuster" des Politischen sind komplexes Denken und dialektisches Denken, dies kommt dann zum Tragen, wenn sich Vorgänge nicht mehr logisch erklären lassen. Dieses Denkmuster tritt aber erst mit zunehmendem Alter auf, ist bei Jugendlichen also noch nicht sehr ausgeprägt (Oerter, 1998, p. 34f).

Das Resümee des Artikels von Oerter ist eine starke Befürwortung für die Einbindung von Jugendlichen in gesellschaftliche Problemlösungsprozess (= politische Partizipation), da die Jugendlichen im intellektuellen Bereich, der Funktionalität der Denk- und Gedächtnisvorgänge, auf der Höhe ihrer Entwicklung gleichauf mit den Erwachsenen liegen. Sollte ein Problem demnach für sie verständlich aufbereitet sein und die Fakten überschaubar bleiben, wird die Entscheidungsfähigkeit auf derselben Stufe wie die der Erwachsenen liegen. Beim komplexen und dialektischen Denken sind sie jedoch Personen zunehmenden Alters unterlegen, jedoch wird in dem Artikel auch relativiert, dass dieses Denkmuster auch innerhalb einer Altersgruppe zu kontroversen Ergebnissen führt. Oerter ist abschließend der Meinung, dass Jugendliche ein wertvolles Potential an politischer Innovation besitzen und man dies nicht brach liegen lassen soll (Oerter, 1998, p. 38).

Doch es ist nicht nur der politische Rahmen, der den Sozialisationsprozess[1] der Jugendlichen umspannt. Es ist vielmehr die „Einführung von Kindern in die kulturellen Selbstverständlichkeiten einer bestimmten Gesellschaft" (Sander, 2005, p. 13). Dies betrifft das Vermitteln und Verständlich machen „jener Werthaltungen, Einstellungen, Überzeugungen, Wissensbestände und Handlungsdispositionen, die für die Stabilität der politischen Ordnung einer Gesellschaft als erforderlich betrachtet werden" (Sander, 2005, p. 13).

Für die Erlangung der politischen Reife gibt es einen Ansatz aus Deutschland, den der GPJE [2] in einem dreiteiligen Kompetenzmodell vorstellt, welches Bildungsstandards im Fach *Politische Bildung* umreißt:

- **„Politische Urteilsfähigkeit:** Politische Ereignisse, Probleme und Kontroversen sowie Frage der wirtschaftlichen und gesellschaftlichen Entwicklung unter Sachaspekten und Wertaspekten analysieren und reflektiert beurteilen können.

- **Politische Handlungsfähigkeit:** Meinungen, Überzeugungen und Interessen formulieren, vor anderen angemessen vertreten, Aushandlungsprozesse führen und Kompromisse schließen können.

- **Methodische Fähigkeiten:** sich selbständig zur aktuellen Politik sowie zu wirtschaftlichen rechtlichen und gesellschaftlichen Fragen orientieren, fachlicher Themen mit unterschiedlichen Methoden bearbeiten und das eigene politische Weiterlernen organisieren können"

(Detjen, et al., 2004, p. 13).

Die Vermittlung dieses Modells ist natürlich in erster Linie Aufgabe der Schule, jedoch fällt diese Aufgabe eigentlich jeder Person und Institution zu, die mit

---

[1] Politische Sozialisation: „die Gesamtheit der Vorgänge, durch die die politische Kultur einer Gesellschaft von bestimmten Personen, Personengruppen und Organisationen (den Sozialisationsagenten bzw. –agenturen) anderen Personen und Personengruppen (den Sozialisationssubjekten) vermittelt, von diesen erlernt und teilweise verinnerlicht (internalisiert) wird" (Beck, 1977, p. 670f)
[2] Gesellschaft für Politikdidaktik und politische Jugend- und Erwachsenenbildung

Jugendlichen in irgendeiner Weise arbeitet. Will die Gesellschaft politisch reife Personen heranbilden, darf sich niemand dieser Aufgabe entziehen.

Gegner der Wahlaltersenkung führen immer wieder an, „dass junge Menschen noch nicht über die politische und intellektuelle Reife verfügen, um sich verantwortungsvoll an Wahlen zu beteiligen. Diese Annahme ist prinzipiell empirisch überprüfbar" (Betz, et al., 2010, p. 78). Die angebliche mangelnde politische Reife der 16- bis 17-jährigen wird durch die angeführten empirischen Daten nicht bestätigt, das langjährige Wahlalter mit 18 Jahren ist also durchaus willkürlich gewählt worden (Alemann, et al., 2006, p. 73).

4.2 Politisches Interesse

Das Politikinteresse der Jugendlichen ist generell gesunken und in letzter Zeit leicht gestiegen.

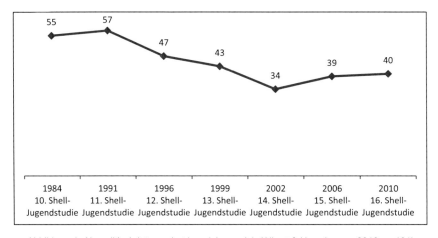

Abbildung 1: Als politisch interessiert bezeichnen sich (Albert & Hurrelmann, 2010, p. 131)

Es wäre jedoch verfrüht, von einer Trendwende zu sprechen. Es liegt hier eher die Vermutung nahe, dass es nicht mehr viel weiter nach unten gehen kann. Die Stagnation im Jahr 2010 unterstreicht dies. Von den 80ern bis in die 90er gehörte es für Jugendliche nicht zum guten Ton, politisch interessiert zu sein. Dieses Interesse verschwindet jedoch zusehends (Albert & Hurrelmann, 2010,

p. 130). Die Daten dieser Studie stammen zwar aus Deutschland (2.500 Fälle), sind jedoch mit Österreich durchaus vergleichbar.

Das politische Interesse, das sich die jungen Menschen selbst zuschreiben, steigt kontinuierlich mit dem Lebensalter. Während es bei den 12 bis 15-jährigen noch sehr niedrig ist, steigt es bei den 16 bis 17-jährigen schon deutlich an und hängt gleichzeitig mit dem Bildungsniveau zusammen. Demnach liegt das politische Interesse der Gymnasialunterstufe auf einem höheren Level als das der 25 – 29-jährigen Hauptschulabsolventen. Daraus lässt sich ableiten, dass Gymnasiasten am meisten von einer Herabsetzung des Wahlalters profitieren werden (Alemann, et al., 2006, p. 62).

Die Jugendlichen selbst sind gespalten ob der Frage nach der Herabsetzung des Wahlalters. Grundsätzlich kann gesagt werden, je weiter weg eine Wahl vom persönlichen Umfeld der Jugendlichen ist, umso uninteressanter ist die Beteiligung daran. Während fast die Hälfte für eine Herabsetzung bei Kommunalwahlen ist, liegt die Befürwortung bei Bundestagswahlen bei unter einem Drittel und über 50% sprechen sich sogar ausdrücklich gegen eine Herabsetzung aus (Alemann, et al., 2006, p. 65).

4.3 Meinungsbildung

Meinen bedeutet, etwas nicht sicher zu wissen. Hier geht es nicht darum, dass jemand recht hat und jemand nicht, sondern dass dieselbe Sache von verschiedenen Standpunkten aus betrachtet und gefühlsmäßig bewertet wird. Vor allem ist der Einfluss der Familie sowie später die Schule und Freunde bzw. anderer Freizeitgruppen maßgeblich. Die Meinungsbildung wird von Faktoren wie zum Beispiel der Übernahme von Gewohnheiten und Ansichten, Orientierung an Autoritäten (Politiker, Medien, Wissenschaftler etc.), Verallgemeinerung von Alltagserfahrungen sowie auch der Formulierung von Bedürfnissen, Wünschen, Hoffnungen und Ängsten geprägt (Reutterer, 1992, p. 281f).

Seit den 90ern zeigen die Shell Jugendstudien, dass die Jugendlichen ein gutes Verhältnis zu ihren Eltern hat. Es ist eine partnerschaftliche, unbefangene Beziehung und kein konfliktreicher Generationenstreit. Es steht nicht mehr, wie vor den 60er Jahren, Unterordnung und Gehorsam an erster Stelle sondern Rücksichtnahme und Erziehung zu Selbstverantwortung und Entscheidungs-fähigkeit (Albert & Hurrelmann, 2006, p. 57f). Dies bedeutet natürlich, dass auch eine dementsprechend breite Gesprächsbasis zum Thema politisches Denken und politische Entscheidungen vorhanden ist bzw. zunimmt. Dass das Thema *Gespräch* zur Entscheidungsfindung wichtig ist, wird diese Thesis weiter hinten auch empirisch belegen. Wesentlich für die Meinungsbildung und Grundlage für die Entscheidungsmöglichkeiten ist natürlich an der nächsten Stelle die politische Bildung in den Schulen. Hier ist der Lehrkörper gefordert, den Jugendlichen das nötige Rüstzeug mitzugeben, wobei natürlich sicherlich der Einfluss des Elternhauses überwiegt. Dies wird durch den Einfluss des Bildungsniveaus der Eltern auf das Wahlverhalten Jugendlicher deutlich gemacht (Ogris, 2010), (Plasser & Ulram, 1982, p. 140).

4.4 Gesellschaftliche Partizipation

„Ursprünglich sind mit Partizipation ausschließlich Verfahren, Strategien und Handlungen bezeichnet, durch die Bürgerinnen und Bürger Einfluss auf politische Entscheidungen und Macht nehmen" (Betz, et al., 2010, p. 11). Da jedoch viele Vereine, allen voran die sportlichen Verbände (z.B.: Union, ASKÖ, ÖTB) politisch ausgerichtet sind, werden hier auch gesellschaftliche Freizeitaktivitäten wie eben zum Beispiel Sportvereine hinzugezählt. Wobei es Anzeichen gibt, dass die Bindungen zur jeweiligen Partei fallen könnten, da es durch das Transparenzgesetz Probleme geben könnte (Aichinger, 2012, p. 3).
Die Teilnahme an Freiwilligenarbeit ist bei jungen Menschen noch ausbaufähig, wenn man sie mit denen ältere Menschen vergleicht. Die Quote beträgt 24% bei den 15- bis 29-jährigen, 41% bei den 30- bis 49-jährigen, 29% bei den 50- bis 69-jährigen und noch 6% bei den über 70-jährigen (More-Hollerweger & Heimgartner, 2009, p. 58).

5 Empirische Sozialforschung

5.1 Methoden

Grundsätzlich wird zwischen quantitativer und qualitativer Forschung unterschieden. Beide Methoden haben ihre Vor- und Nachteile, und sind für verschiedene Einsatzgebiete vorzusehen. Es wird in diesem Zusammenhang auch gerne von einer Dichotomie[3] der Polaritäten gesprochen. Atteslander hat dies in seinem Buch anhand einer Tabelle übersichtlich und einfach dargestellt:

quantitative Sozialforschung	qualitative Sozialforschung
erklären	verstehen
nomothetisch	idiographisch
Theorien-prüfend	Theorien-entwickelnd
deduktiv	induktiv
objektiv	subjektiv
ätiologisch	interpretativ
ahistorisch	historisierend
geschlossen	offen
Prädetermination des Forschers	Relevanzsysteme der Betroffenen
Distanz	Identifikation
statisch	dynamisch-prozessual
starres Vorgehen	flexibles Vorgehen
partikularistisch	Holistisch
Zufallsstichprobe	theoretical sampling
Datenferne	Datennähe
Unterschiede	Gemeinsamkeiten
reduktive Datenanalyse	explikative Datenanalyse
hohes Messniveau	niedriges Messniveau

(Atteslander, 2006, p. 200)

---

[3] Dichotomie (griechisch dichótomos, „halbgeteilt, entzweigeschnitten" aus dícha „entzwei, getrennt" und témnein „schneiden"; manchmal auch Dychotomie) (auch: Zweiteilung oder Zweigliederung) ist eine mehrdeutige Bezeichnung. "Dichotomie" bezeichnet:
ein komplementäres Begriffspaar – oder die Einteilung, die Zergliederung eines Gegenstandsbereiches in genau zwei komplementäre Bereiche bzw. Begriffe.
In der Statistik versteht man unter einer dichotomen oder binären Variablen eine Variable, die zwei Ausprägungen hat, zum Beispiel die Variable Geschlecht mit den beiden Ausprägungen weiblich und männlich. (Wikipedia, 2003)

In dieser Arbeit werden beide Formen der Sozialforschung angewandt. Erst die quantitative Form, unter den Schülern werden ihre Meinungen bzw. Einstellungen mittels Fragebogen erhoben, danach werden Kollegen aus dem Fach Politische Bildung zu ihren Einschätzungen bzw. Erfahrungen in einem kurzen Interview befragt und mit den Ergebnissen der Befragung der Schüler konfrontiert. Dadurch wird ein stimmiges, rundes Ergebnis erwartet.

5.1.1 Quantitative Forschung

Bei der quantitativen Forschung geht es darum, Zusammenhänge und Ausprägungen möglichst genau zu beschreiben. Ein Werkzeug dieser Methode ist zum Beispiel der Fragebogen, wo anhand standardisierter Fragen ein repräsentativer Querschnitt erhoben wird und aus diesem auf die Gesamtheit geschlossen wird. Auch wird gerne eine vorher erstellte Hypothese mit dieser Methode überprüft. Standardisiert bedeutet, dass jeder Befragte unter den gleichen Voraussetzungen dieselben Fragen bekommt, um die getroffenen Aussagen vergleichbar zu machen. Durch diese enge Struktur ist diese Methode eingeschränkt. Die Hauptgütekriterien sind Objektivität[4], Reliabilität[5] und Validität[6].

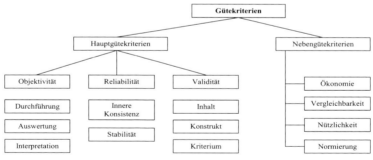

(Raithel, 2008, p. 45)

---

[4] Die Messung der Schraubenlänge durch ein geeichtes Messgerät ist objektiv, die Befragung der Mitarbeiter eines Vorgesetzten zu dessen Führungsqualität ist dagegen subjektiv.
[5] Reliabilität ist ein Maß für Genauigkeit und Zuverlässigkeit. Beispiel einer reliablen Frage: „Wie viele Angestellte arbeiten hier?", Beispiel einer nicht reliablen Frage: „Wie viele teamfähige Angestellte arbeiten hier?". Diese Frage ist nicht reliabel, da nicht klar ist, wie „teamfähig" definiert ist.
[6] Validität ist die Eignung eines Messverfahrens. Zum Beispiel ist die Anzahl der Krankenstandstage ein Maß für die Gesundheit der Angestellten, nicht aber für ihre Zufriedenheit, da die Anwesenheit nicht mit Zufriedenheit gleichzusetzen ist. (Bredner, 2003)

5.1.2 Qualitative Forschung

Bei der qualitativen Methode kommt es zum Beispiel durch die freien Interviews zu wesentlich größerer Offenheit und Flexibilität. Durch diese Offenheit (Fragen sind flexibel und können individuell angepasst werden, Antwortmöglichkeiten sind unbeschränkt) kommt es zwar subjektiv zu einem höheren Informationsgewinn, allerdings ist diese Methode dadurch weniger geeignet, um zahlenmäßige Aussagen zu treffen. (Winter, 2000)

Qualitative Forschung kann zum Beispiel mittels eines Experteninterviews durchgeführt werden, oder mit Hilfe eines Zeitzeugen (Oral History [7]). Der Interviewte soll dabei möglichst frei sprechen und eher nicht von Fragen gelenkt werden, da die Gefahr besteht, beeinflusst zu werden. Die qualitative Forschung möchte nicht Vorgänge beschreiben und messbar machen, sondern es ist der Versuch herauszufinden, wie Menschen einen Sachverhalt sehen und welche Handlungsmotive daraus auftreten. Danach werden Theorien konstruiert und Folgerungen gezogen.

5.2 Allgemeines

Zunächst muss erst mal klar sein, was genau durch die Befragung erhoben werden soll. Es ist dann durchaus üblich, nach bereits vorhandenen Fragebogen zu suchen und diese in Teilen oder gesamt zu übernehmen. Die Replikation eines bestehenden Fragebogens kann durchaus reizvoll sein, um zum Beispiel Änderungen gegenüber einem vorherigen Befragungszeitpunkt festzustellen. Wobei in diesem Fall natürlich auf die gleichen Rahmenbedingungen zu achten ist, da ansonsten das Ergebnis verfälscht wird und nicht mehr reliabel ist.

---

[7] Oral History ist eine Methode der Geschichtswissenschaft, die auf dem Sprechenlassen von Zeitzeugen basiert. Dabei sollen die Zeitzeugen möglichst wenig vom Historiker beeinflusst werden. Nicht nur, aber gerade Personen aus der Unterschicht sollen auf diese Weise ihre Lebenswelt und Sichtweisen für die Nachwelt darstellen können. (Wikipedia, 2006)

Die Einleitung des Fragebogens soll auf jeden Fall folgende Punkte enthalten:

1. Eine klare und kurze Darstellung der Person und eventuell der Einrichtung, für die die Erhebung durchgeführt wird.
2. Die grobe Darstellung der Fragestellung und eine Erklärung über die Weiterverwendung der gewonnen Daten, z.B., wenn die Daten im Rahmen einer Diplomarbeit erhoben werden.
3. Die Bitte um vollständiges Ausfüllen der Fragen und der Hinweis, dass jede Beantwortung sehr wichtig ist.
4. Eine Bitte um aufrichtige und rasche Beantwortung der Items mit dem Hinweis, dass es weder richtige noch falsche Antworten gibt (bei Leistungstests wäre das anders).
5. Eine Zusicherung der Anonymität, falls dies auch wirklich gewährleistet werden kann.
6. Ein Dank für die Bearbeitung des Fragebogens.

(Raab-Steiner & Benesch, 2008, p. 49f)

In dem für diese Umfrage entwickelten Fragebogen wurden diese Punkte erfüllt, zusätzlich wurden sie vor dem Austeilen kommuniziert mit dem Hinweis, dass die Befragung freiwillig ist. Dieser Punkt ist ebenso wichtig, da die Schüler keine Angst bezüglich ihrer Noten bekommen sollten. Es gab übrigens keine einzige Verweigerung.

Ebenso wurden den Schülern der LBS diese Punkte vorher erläutert. Auch bei diesen Schülern war die Freiwilligkeit Voraussetzung und es gab ebenfalls keine Verweigerung.

5.3 Fragenstruktur

Grundsätzlich wurden geschlossene Fragen verwendet. Geschlossene Fragen sind solche, die eine bestimmte Anzahl vorgegebener Antworten enthalten, die ausgewählt bzw. angekreuzt werden können (müssen). Der Vorteil bei geschlossenen Fragen ist, dass sich die Person „nur" zwischen verschiedenen Antworten entscheiden muss, und nicht etwas mit eigenen Worten erklären muss. Hier wird eine höhere Antwortbereitschaft erreicht. Allerdings ist die

Verwendung von geschlossenen Fragen auch nicht ganz unproblematisch; da bei dem Befragten eine Suggestivwirkung eintreten kann bzw. er sich bei Antworten entscheiden muss, über die er eigentlich bislang noch nicht nachgedacht hat und sich deswegen auch noch keine Meinung darüber gemacht hat (Atteslander, 2006, p. 138).

Offene Fragen bergen auch die Schwierigkeit der Auswertung. Da nahezu jeder Mensch eine Antwort anders formuliert, muss bei der Auswertung nach Gemeinsamkeiten gesucht werden und auf diese reduziert werden. Bei geschlossenen Fragen hat jede Antwort eine zugeordnete Zahl und ist dementsprechend einfacher auszuwerten. Geschlossenen Fragen sind demnach vergleichbar, der Zeitaufwand bei der Befragung ist geringer und die Beantwortbarkeit bei Verbalisierungsschwierigkeiten ist leichter. (Raithel, 2008, p. 68)

Einige wenige halboffene Fragen (Hybridfragen) wurden ebenfalls verwendet, dies sind Fragen, wo neben geschlossenen Antworten eine weitere Möglichkeit zum selbst ausfüllen gegeben ist (Fragen 6, 7: andere, Frage 12: sonstige). Dies ist dort sinnvoll, wo nicht alle Antworten vorgegeben werden können.

Bei den wenigen offenen Antworten war auch nicht das Ziel, sie akribisch auszuwerten, sondern in erster Linie, ob überhaupt geantwortet wurde und ob die Antwort sinnvoll war. Eine der zu überprüfenden Thesen ist, dass ein Jugendlicher, der dort etwas Sinnentleertes hinschreibt, auch an Politik und in weiterer Folge am Wählen nicht sonderlich interessiert ist.

Von den Antwortmöglichkeiten wurde durchgehend eine gerade Skala verwendet, damit sich jeder eindeutig positionieren muss. Ein positionieren, ein „mitschwimmen" in der Mitte wird damit unterbunden. Es gibt an und für sich keine Empfehlung, welches System besser ist, allerdings wird in der einschlägigen soziologischen Literatur die ungerade, in der psychologischen Literatur eher die gerade Antwortmöglichkeit bevorzugt. (Raithel, 2008, p. 69)

Bei der Formulierung der Fragen hat sich als hilfreich herausgestellt, wenn sie einfach und positiv formuliert sind. Das heißt, keine verneinenden Fragen verwenden. Dies wäre zum Beispiel, wenn die Frage 14 lauten würde: *Wie wahrscheinlich ist es, dass Sie nicht den Sender wechseln* usw.

Eine weitere Empfehlung für das Design des Fragebogens ist, dass einfache, allgemeine Fragen, sogenannte „Eisbrecherfragen" zu Beginn beantwortet werden, die auf das Thema hinführen und bei dem Befragten Interesse wecken sollen. Die wichtigsten Fragen sollen auch im zweiten Drittel verortet sein, da danach die Aufmerksamkeit sinkt (Diekmann, 2007, p. 479ff).

5.4 Skalen

Bei diesem Fragebogen wurden Nominal- und Ordinalskalen verwendet. Eine Nominalskala ordnet den Antworten Zahlen zu, ohne sie zu werten, die Zahlen werden nur zur (mathematischen) Unterscheidung bei der Berechnung benötigt. D.h., es gibt hier keine Rang- oder Reihenfolge. Bsp.: Frage Nr. 6 bezüglich des Mediums. Weil Internet (4) nach Zeitungen (3) kommt, heißt es nicht automatisch, dass das Internet eine bessere Informationsquelle ist. Ebenso ist der Abstand der Zahlen egal, Zeitungen (3) ist nicht doppelt so gut wie Fernsehen (1), weil Radio (2) dazwischen liegt.

Eine Ordinalskala trifft jedoch eine Wertung bei der Zuordnung, als Beispiel bietet sich gleich die erste Frage an: 17 (2) ist älter als 16 (1) und 18 (3) ist älter als 17 (2). Mit Ordinalskalen können vergleichende Aussagen getroffen werden, da hier eine Reihung bezüglich größer/kleiner, besser/schlechter und gleich/ungleich möglich ist. (Raab-Steiner & Benesch, 2008, p. 24ff)

5.5 Probleme

Ein wichtiger Punkt wurde leider vernachlässigt, der klassische Anfängerfehler: Die genaue Instruktion der Interviewer. Dazu muss aber vorausgeschickt werden, dass ursprünglich nicht geplant war, dass die Befragung von jemand anderem durchgeführt wird, es aber kurzfristig zu der Idee kam, die beiden Schultypen (HTL und Berufsschule) hinsichtlich des Themas „Wählen mit 16" zu vergleichen. Die einzelnen Fragen wurden daher vorher nicht mit der Interviewerin durchbesprochen, da sie ja bei der Erstellung sonnenklar waren. Bei der Befragung der LBS-Schüler war dann leider nicht immer klar, was nun gemeint war bzw. war es ad hoc nicht leicht, während der Befragung zum Beispiel den Begriff „NGO" mit kurzen Worten zu erklären.

Bei der Auswertung stellte sich dann heraus, dass es anscheinend bei den Fragen Nr. 4 und Nr. 5 zu Missverständnissen gekommen sein muss. In der Überschrift steht zwar bei Nr. 5 *pro Woche*, aber im Kontext zu Nr. 4 dürfte das Missverständnis gewesen sein, dass einige vermutlich *täglich* meinten.

Bei Frage Nr. 9 wäre es besser gewesen, eine Antwort auch für *eher nicht* abzufragen, da es insgesamt (HTL) doch fast 25% waren, die entweder *nicht* (8) oder *eher nicht* (13) angekreuzt hatten.

5.6 Verwendete Software: SPSS, Excel

Für die Auswertung wurde die professionelle Statistiksoftware SPSS aus dem Hause IBM verwendet, Version V 19.0.0 in der Studentenlizenz. Der Vorteil dieser Software liegt darin, dass nach einer kurzen Einarbeitungszeit die benötigten rudimentären statistischen Funktionen auch ohne Wissen der dazugehörigen komplexen Mathematik durchgeführt werden können.

Für die grafische Aufbereitung der Tabellen und Diagramme wurde Microsoft Excel in der Version 2010 verwendet. Da die Darstellungsmöglichkeiten von SPSS für mich, der die Bedienung dieses Programms auf autodidaktischem Weg erlernt hat, stark beschränkt waren bzw. eine weitaus längere Einarbeitungszeit bedurft hätten, wurde lediglich das ausgewertete Zahlenmaterial übernommen und im mir vertrauten Excel weiterverarbeitet, dieser Vorgang war für mich unvergleichlich effizienter. Es wäre zwar auch möglich gewesen, die gesamte Berechnung mittels Excel durchzuführen, jedoch war hier die Auswertung der Daten einfacher, da SPSS vieles automatisch erledigt, wogegen ich bei Excel wiederum erst eine umfassende Einarbeitung in statistische Berechnungen benötigt hätte. So war die Kombination der beiden Programme für mich die beste, zielführendste Lösung.

5.7 Die Fragen

An dieser Stelle erfolgt nun kurz eine Vorstellung der einzelnen Fragen und welchen Hintergrund es hat, warum sie eingesetzt wurden. An dieser Stelle werden keine Antwortmöglichkeiten geschrieben, da dies dieses Kapitel nur unnötig aufblasen würde und die Übersichtlichkeit etwas verloren gehen könnte, bzw. sind die Antwortmöglichkeiten hier auch nicht von Relevanz. Außerdem geht es hier nur um die Fragen und den tieferen Sinn für deren Auswahl. Die Fragen sind sinngemäß verkürzt dargestellt. Der komplette Fragebogen mit der genauen Ausführung und sämtlichen Antwortmöglichkeiten ist im Anhang zu finden. Die erste Unterscheidung, HTL oder LBS, wird gar nicht über den Fragebogen abgefragt, da die Befragung ohnehin zeitlich und räumlich getrennt durchgeführt wurde und somit in verschiedene Dateien eingegeben wurde. Hier soll untersucht werden, ob es Unterschiede in Bezug auf den Bildungszustand gibt bzw. wurden alle Fragebögen auch in einer dritten Datei gemeinsam betrachtet, um einen repräsentativen Querschnitt zu erhalten. Alle Fragen wurden zunächst in ihrer Häufigkeit analysiert, Kreuztabellen wurden fast nur die Fragen 1 und 2 zugrunde gelegt.

Wie alt sind Sie?

Diese Frage, die ordinal skaliert ist, wird als Grundlage für die Kreuztabellen verwendet, um festzustellen, ob es altersmäßig auffällige Unterschiede gibt. Mit dieser Frage wurden sämtliche anderen Fragen in Kreuztabellen betrachtet.

Leben Sie eher in einem…

Bei dieser ebenfalls ordinal skalierten Skala geht es um die Größe des sozialen Umfeldes, dies wird ebenfalls für einige Kreuztabellen benötigt, um zu sehen, ob es Unterschiede bezüglich des Wohnraumes gibt (Stadt – Land – Gefälle o.Ä.).

Sind Sie an Politik interessiert

Diese Frage soll die Eigeneinschätzung betrachten, sie ist auch ordinal skaliert. Ferner wird über andere Fragen diese Eigeneinschätzung anhand der Partizipation an der Gesellschaft verglichen. Man könnte dies auch entfernt als eine Art Kontrollfrage verstehen.

Wie oft verfolgen Sie politische Themen

Wie lange beschäftigen Sie sich pro Woche mit Politik

Diese beiden Fragen sollten sich eigentlich ergänzen, die erste Frage sollte die Selbsteinschätzung sein, die darauffolgende eine objektivere Unterscheidung ermöglichen. Bei der Auswertung hat sich dann herausgestellt, dass dies von einigen Probanden doch falsch aufgefasst wurde. Diese Fragen hätten entweder anders formuliert werden müssen oder nicht direkt hintereinander stehen dürfen. Im Großen und Ganzen kann jedoch trotzdem eine Tendenz erkannt werden. Auch diese beiden Fragen sind ordinal skaliert.

In welchem Medium würden Sie sich über eine Wahl informieren

Diese Frage ist nominal skaliert und es waren zwei Möglichkeiten erbeten. Dies bedeutet, dass für die Auswertung ein Variablen-Set für Mehrfachantworten erstellt werden musste. Hier ist nur Internet generell anzukreuzen, in der nächsten Frage wird genauer aufgeschlüsselt. Von der offenen Möglichkeit „andere" wurde nicht Gebrauch gemacht.

Falls bei 6. Internet angekreuzt wurde, wo

Diese Frage ist klarerweise nur dann zu beantworten, wenn bei der vorigen Internet ausgewählt wurde. Nominalskala, maximal drei Antworten wurden erbeten. Hier wird nun genau aufgeschlüsselt, in welchem Milieu die Informationen gesucht werden. Auch hier war natürlich wieder ein Variablen-Set für Mehrfachantworten vonnöten. Von der offenen Möglichkeit „andere" wurde nicht Gebrauch gemacht.

Wenn am kommenden Sonntag Nationalratswahlen wären, würde ich wählen

Leider eine rein hypothetische Frage, was eigentlich bei einer Befragung vermieden werden soll. Der Zeitpunkt der Befragung war um ein paar Wochen zu spät, da die Maturajahrgänge bereits außer Haus waren. Diese ehemaligen Schüler sind in der Altersgruppe, die bei der Nationalratswahl 2008 erstmals als

16jährige wahlberechtigt waren. Diese Frage wurde wieder ordinal skaliert, da eine Wertung möglich ist (wählen ist besser als nichtwählen).

Warum würden Sie nicht wählen gehen

Diese Frage ist nur zu beantworten, wenn bei der vorigen „nicht" angekreuzt wurde. Bei der Evaluierung der Befragung hat sich herausgestellt, dass es besser gewesen wäre, auch die „eher nicht" miteinzubeziehen, da dies eine relativ große Gruppe war. Beide zusammen ergaben ein knappes Drittel der Befragten, die „nicht"-Ankreuzer alleine waren nur fast 12%. Diese Frage ist nominalskaliert. Normalerweise sollte diese Frage als String definiert sein, da es eine offene Frage ist. Ich habe aber nur eine Unterscheidung dahingehend gemacht, ob die Gründe sinnvoll sind oder ob nur etwas „Dummes" geschrieben wurde. Bei einigen Antworten hier dürfte es lediglich Informationsmangel gewesen sein, denn bei den meisten Gründen war es Abwesenheit vom Wahlsprengel (z.B.: Taufe, Nova Rock, zelten), dies ist jedoch seit der letzten Wahlrechtsreform 2007 kein Thema mehr. Bis vor der Wahlrechtsreform 2007 gab es das Briefwahlrecht nur für im Ausland weilenden Österreicher, ab diesem Zeitpunkt auch für Österreicher im Inland (Bundeskanzleramt, 2012). Hier zeigt sich deutlich, dass im politischen Unterricht noch einiges an Nachholbedarf vorliegt.

Wie würden Sie sich im Vorfeld einer Wahl informieren

Hier wurden wieder zwei Antwortmöglichkeiten gestattet, die Frage ist nominal skaliert, durch zwei Antwortmöglichkeiten wird wieder ein Variablen-Set angelegt. Interessant ist bei dieser Frage, wohin sich die Informationsquelle Elternhaus mit zunehmendem Alter verschiebt.

Aussagen zum Sinn einer Wahl

Bei diesen Fragen werden Zustimmungen oder Ablehnungen zu diversen Aussagen bzw. Schlagworten und polemischen Äußerungen abgefragt. Da hier durchaus eine Wertung getroffen werden kann, sind diese Fragen wieder ordinal skaliert.

Sind Sie in einer Organisation aktiv

Frage 12 behandelt die Partizipation an der Gesellschaft. Hier wurde keine maximale Antwortmöglichkeit vorgegeben, die Mehrfachnennungen setzen natürlich wieder ein Variablen-Set bei der Auswertung voraus. Bei der Dateneingabe hatten lediglich 2 Probanden vier, 7 Probanden drei, 20 Probanden zwei und leider 51 Probanden keine einzige Organisation angegeben. „Sonstige" wurde fast nicht ausgefüllt, somit dürften die vorgegebenen Antworten gut getroffen worden sein. Wobei hier auch wieder kleine Missverständnisse waren (z.B. hatte ein Proband hier Blasmusik eingetragen, dies wäre jedoch mit der Antwort „Orchester" abgedeckt, wurde aber natürlich nicht bei der Auswertung dahingehend korrigiert). Diese Frage ist auch im Kontext mit Frage 3, der Eigeneinschätzung zum Politikinteresse zu untersuchen, da ich annehme, dass ein politisch interessierter Mensch auch gesellschaftlich aktiv ist. Dies ist eine Nebenhypothese bei der Arbeit zur Auswertung des Fragebogens. Diese Frage ist nominal skaliert.

Falls noch nicht aktiv, für welche Aktionen wären sie bereit

Im Unterschied zur vorigen Frage, wo es um Regelmäßigkeiten der Aktivität geht, ist diese Frage auf eher einmalige bzw. kurzfristige Aktionen ausgerichtet, und geht außerdem eher in Richtung Aktivismus[8]. Bedenklich ist hierbei, dass nur 11 Probanden, also unter 7%, entweder „sicher bereit" oder „habe ich schon gemacht" (5 Personen) angekreuzt haben. Diese Frage ist ordinal skaliert.

Sender wechseln

Die Frage, ob jemand „wegzappt" ist insofern interessant, ob diese Zielgruppe überhaupt durch die klassische Belangsendung während des Wahlkampfes angesprochen wird oder ob für diese Altersgruppe andere Zugänge gefunden werden müssen. Ordinalskala.

---

[8] Als Aktivist (lat. activus = „tätig, aktiv") wird eine Person bezeichnet, die in besonders intensiver Weise, mit Aktivismus, für die Durchsetzung bestimmter Ziele eintritt. (Wikipedia, 2004)

Welche Art der Stimmabgabe

Eine weitere Nebenhypothese soll die Annahme überprüfen, dass Jugendliche ohnehin alles nur mehr mit dem Handy machen oder hinter dem Computer hocken. Auch ein Stadt – Land – Gefälle ist hier untersuchungswürdig. Diese Frage ist wieder nominal skaliert.

Einschätzung, wie man mit 16 zur Politik steht

Diese Frage ist wiederum interessant im Vergleich zur Politikinteressiertheit von Frage 3, ebenfalls eine Art Kontrollfrage (z.B.: wie sehr interessiert ⇔ mit 16 weiß man genug über Politik). Diese Frage ist ordinal skaliert.

Wählen mit 16 ist gut oder schlecht

Unser politisches System ist gut oder schlecht

Auch bei diesen beiden offenen Fragen wurde kein String, sondern eine numerische Variable definiert. Hier sollen auch nicht alle genauen Gründe analysiert werden, sondern wieder wie bei Frage 9 erfasst werden, ob sich die Probanden ernstzunehmende, also sinnvolle Gedanken machen und diese auch kommunizieren oder nicht. Die Auswertung nach einem sinnvollen Eintrag wurde per Software durchgeführt, die Zusammenfassung der wichtigsten Gründe bei der Auswertung der Ergebnisse dann manuell. Hier irgendwelche Blödheiten zu lesen würde wieder auf eine Unreife schließen lassen. Um es vorweg zu nehmen, dies ist lediglich bei je einem einzigen Eintrag passiert (17: *Ich bin Anhänger des Diktatursystems*; 18: *Anarchi* [sic] mit einem Ausrufezeichen, wobei der Punkt dieses Satzzeichens ein verkehrtes Pentagramm ist…). Kleines Detail am Rande: bei den unter 16jährigen der LBS haben einige ganz offen „weiß ich nicht" bzw. gleichwertiges hingeschrieben, und keine Scherzantwort gegeben oder das Feld frei gelassen. Dies werte ich trotz allem als Interesse, da sie sich zumindest kurz Gedanken über eine mögliche Antwort gemacht haben.

Ein paar Probanden waren besonders höflich, sie haben unter den Schlusssatz „Danke für Ihre Mitarbeit" das Wort „Bitte" geschrieben.

6 Auswertung

6.1 Wahlberechtigte

Zunächst ist sicherlich interessant, welches Ausmaß die Senkung des Wahlalters für die Nationalratswahl überhaupt hat. Ist all die Aufregung um die Senkung berechtigt oder Polemik? Ich möchte hier die letzten 4 Nationalratswahlen, 1999, 2002, 2006 und 2008 betrachten. die letzte Nationalratswahl wurde bekanntlich bereits mit Beteiligung der ab 16jährigen durchgeführt:

Jahr	Wahl-berechtigte	Gültige Stimmen	Wahl-beteiligung	16 bis unter 18jährige	Prozentueller Anteil
1999	5.838.373	4,622.354	80,40%	196.068	3,25%
2002	5.912.592	4,909.645	84,30%	190.494	3,12%
2006	6.107.892	4,708.281	78,50%	196.519	3,12%
2008	6.333.109	4,887.309	78,80%	201.528	3,18%
	(Statistik Austria, 2011, p. 495)			(Statistik Austria, 2009, p. 336)	

Tabelle 1: Wahlberechtigte

Der prozentuelle Anteil der Jahre 1999, 2002 und 2006 ist rein fiktiv, da es zu diesen Jahren noch kein Wahlrecht für unter 18-jährige gab. Die Tabelle soll lediglich den geringen Anteil der 16 – 18-jährigen veranschaulichen. Aus dieser Tabelle lässt sich leicht sehen, dass weder die Wahlbeteiligung noch die Zahl der minderjährigen Wahlberechtigten exorbitant ansteigt. Anhand dieser Zahlen dürfte sich die Wahlbeteiligung an der Anzahl der über 18jährigen eher anlehnen. Auch, falls es wirklich zu einer stärkeren Bevorzugung bestimmter Parteien gekommen wäre, schlägt sich das rein rechnerisch nicht übermäßig stark in der Zahl der Mandate nieder. In der Tabelle selbst werden zwar in der Spalte der Wahlberechtigten die Zahlen der Statistik Austria verwendet, bei der Berechnung der Prozentanteile werden die Jugendlichen hinzugezählt. Um die

Übersichtlichkeit zu bewahren, ist keine explizite Spalte dieser Summe eingefügt worden.

Das folgende Beispiel ist ebenfalls unrealistisch, es dient nur der Darstellung der sehr kleinen Gruppe der neuen Wahlberechtigten. Eine stark vereinfachte Berechnung (ohne dem dreistufigen Ermittlungsverfahren mit Regional- und Landeswahlkreis sowie dem D'Hondt - Verfahren) der Nationalratswahlordnung (Bundeskanzleramt, 2012), als kleines Beispiel:

Dividiert man die abgegebenen gültigen Stimmen durch die 183 Mandate, erhält man die Wahlzahl $\Rightarrow$ 4,887.309/183 = 26.707.

Nun dividiert man die Zahl der 16 – 18jährigen durch diese Wahlzahl und erhält die Mandate $\Rightarrow$ 201.528/26.707 = 7 Mandate. Diese Mandate für eine reine Partei der Jugendlichen sind aber rein theoretisch, da die Zahl der Jugendlichen die 4% Hürde bundesweit nicht erreicht. Würde man nun die Jugendlichen nach dem zweiten Ermittlungsverfahren (Landeswahlkreis, Tabelle 2) einteilen, wären es wiederum nur mehr 4 Mandate, da die Wahlzahl (Nationalratswahl 2008, Tabelle 3) nur in Niederösterreich, Oberösterreich, der Steiermark und Wien erreicht gewesen wäre. Immer noch unter der Voraussetzung, dass sämtliche wahlberechtigte Jugendliche auch zur Wahl gegangen wären und ausschließlich eine eigene Partei gewählt hätten.

Wenn man nun die Ergebnisse dieser Befragung (Frage 8, Wenn am Sonntag Nationalratswahlen wären, dann würde ich wählen, Abbildung 2 und Tabelle 2) einfließen lässt und hochrechnet, liegen wir bei einer Wahlbeteiligung von nur mehr 68,8%. Somit wären wir bei folgenden Summen der Stimmen (Tabelle 2, Spalte 68,8%) und es wäre kein einziges Mandat erreicht worden. Die Befürchtung, dass durch die Senkung des Wahlalters die Ergebnisse bzw. Mandatsverteilung stark zugunsten der sogenannten Jugendparteien beeinflusst würden ist demnach unbegründet. Naturgemäß verteilen sich die Stimmen auch auf die etablierten Großparteien, dadurch wäre auch bei einer höheren Wahlbeteiligung kein Mandat zustande gekommen, doch das ist natürlich nur Spekulation. An dieser Stelle muss auch wieder bedacht werden, dass es sich bei meinen Befragten um einen sehr kleinen Ausschnitt der Jugendlichen handelt, um eine speziell männliche Gruppe aus zwei Schulen.

Dass sich diese sehr kleine und spezielle Gruppe, die dazu noch hypothetisch befragt wurde, nicht einfach hochrechnen lässt, zeigen die Ergebnisse zur Analyse der Wiener Landtagswahl. Die Wahlbeteiligung lag dort bei den 16- bis 18-jährigen Wählern mit 59% (Kozeluh & Nitsch, 2006, p. 135) doch etwas niedriger als die Gesamtwahlbeteiligung mit 67,63% ((MA62), 2010).

Zeit	Bundesland (NUTS 2-Einheit)	16 Jahre	17 Jahre	gesamt	68,80%
2008	Burgenland	3.180	3.203	6.383	4.392
	Kärnten	7.011	7.051	14.062	9.675
	Niederösterreich	20.199	20.342	40.541	27.892
	Oberösterreich	18.632	18.394	37.026	25.474
	Salzburg	6.724	6.570	13.294	9.146
	Steiermark	14.379	14.386	28.765	19.790
	Tirol	9.013	8.816	17.829	12.266
	Vorarlberg	4.900	4.853	9.753	6.710
	Wien	16.866	17.009	33.875	23.306
				201.528	138.651

Tabelle 2: Wahlbeteiligung

Das einzige, das sich wirklich erhöht, ist die politische Legitimation der Regierung, da ein höherer Prozentsatz der hier lebenden Bevölkerung wahlberechtigt ist. Folgende Tabelle zeigt die Wahlzahlen, die der letzten Nationalratswahl zugrunde lagen.

	Mandate	gültige Stimmen	Stimmen pro Mandat	Wahlzahl
Burgenland	7	193.765	27.680,71	27.681
Kärnten	13	344.541	26.503,15	26.503
Niederösterreich	35	1.037.057	29.630,20	29.630
Oberösterreich	32	867.778	27.118,06	27.118
Salzburg	11	299.014	27.183,09	27.183
Steiermark	29	753.937	25.997,83	25.998
Tirol	15	365.790	24.386,00	24.386
Vorarlberg	7	185.110	26.444,29	26.444
Wien	34	840.317	24.715,21	24.715

Tabelle 3: Wahlzahlen

Die Frage 8: Wenn am kommenden Sonntag Nationalratswahlen wären, würde ich wählen (Abbildung 2), ist leider rein hypothetisch, da, wie bereits weiter oben erwähnt, die befragten Jugendlichen zum Zeitpunkt der letzten Nationalratswahl noch nicht wahlberechtigt waren. Die Bereitschaft, zu wählen, ist bei den Schülern der HTL stärker ausgeprägt als bei den Erwerbstätigen, um 19% mehr wären dazu bereit. Laut diesen Ergebnissen ist also eine bildungsreichere Schicht eher bereit, an einer Wahl teilzunehmen. Diese Bereitschaft spiegelt die Einstellung der Jugendlichen zu verschiedenen Aussagen zu wieder (siehe 6.6 Einstellung zu Politik und Partizipation an der Gesellschaft, S 47). Wie bei der abschließenden offenen Frage nach unserem politischen System hervorgeht, herrscht bei den LBS-Schülern eine höhere Politik(er)verdrossenheit vor, die sich auch in dieser Bereitschaft niederschlägt.

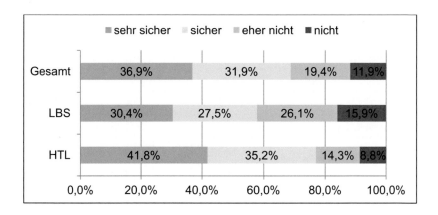

Abbildung 2: Würde wählen gehen

6.2 Altersverteilung der Jugendlichen

Alter HTL

	Häufigkeit	Prozent	gültige Prozente	kumulierte Prozente
bis 16	8	8,8	8,8	8,8
17	44	48,2	48,2	57,1
ab 18	39	42,9	42,9	100,0
Gesamt	91	100,0	100,0	

Tabelle 4: Altersverteilung HTL

Alter LBS

	Häufigkeit	Prozent	gültige Prozente	kumulierte Prozente
bis 16	24	34,8	34,8	34,8
17	15	21,7	21,7	56,5
ab 18	30	43,5	43,5	100,0
Gesamt	69	100,0	100,0	

Tabelle 5: Altersverteilung LBS

Alter gesamt

	Häufigkeit	Prozent	gültige Prozente	kumulierte Prozente
bis 16	32	20,0	20,0	20,0
17	59	36,9	36,9	56,9
ab 18	69	43,1	43,1	100,0
Gesamt	160	100,0	100,0	

Tabelle 6: Altersverteilung gesamt

Vergleicht man das Alter der untersuchten Schüler, so ist die Gruppe der 18 und darüber liegenden Probanden, also derjenigen, die auch vor der Reform schon wahlberechtigt waren, stabil, mit guten 40%, die beiden anderen

Gruppen differieren jedoch deutlich, in der Berufsschule ist es ein gutes Drittel, welches auch unterhalb der 16 Jahre liegt, also auch nach der Reform noch nicht wahlberechtigt ist. Gesamt gesehen sind diese dann genau 20%.

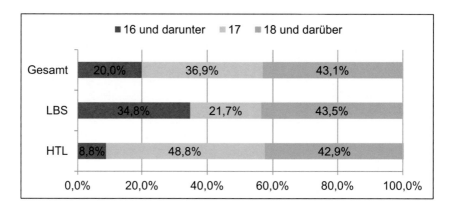

Abbildung 3: Altersverteilung der Jugendlichen

Abbildung 3 zeigt eine klare Verschiebung des Altersgefälles zwischen LBS und HTL zwischen den bis 16- und 17-jährigen. Hier zeigt sich leider auch deutlich ein Designfehler des Fragebogens, besser wäre gewesen, die Frage aufzuteilen in die Altersgruppen *15 und darunter, 16 – 17* bzw. *18 und darüber*. Dann wäre es möglich gewesen herauszufiltern, welche Anzahl auch nach der Reform noch nicht wahlberechtigt gewesen ist. welche betroffen war und welche auch ohne Reform schon die Wahlberechtigung hatte. Andererseits kann davon ausgegangen werden, dass die Zahl der 15-jährigen verschwindend gering war, da in der HTL die dritten und vierten Jahrgänge befragt wurden, also die Schulstufen 11 und 12, das sind rein rechnerisch 16 bis 18-jährige, in der Berufsschule waren es die zweiten und dritten Klassen, die ebenfalls die neunte Schulstufe abgeschlossen und das erste Lehrjahr hinter sich gebracht hatten. Diese Jugendlichen befanden sich also ebenfalls ungefähr im selben Alter, die Zahl der unter 16-jährigen dürfte also vernachlässigbar sein.

Die Neuwähler stellen also mehr als die Hälfte der Jugendlichen, ca. 3/5 der Befragten.

6.2.1 Altersverteilung auf die Gemeindegröße

Beim Wohnort ist die Verteilung der Jugendlichen der HTL und LBS annähernd gleich, darum wurde auf eine genaue Aufschlüsselung verzichtet und es ist hier nur die Gesamtauswertung zu finden.

Die Verteilung auf die Wohnortgröße ist nicht repräsentativ, sie weicht stark von der Verteilung der Gesamtbevölkerung ab. Dieses Ergebnis kann also nicht für weitere Vergleiche bzw. Kreuztabellen herangezogen werden. D.h., einige einzelne Punkten dieses Ergebnisses werden zwar schon analysiert, aber es kann nicht davon auf die Gesamtbevölkerung geschlossen werden.

Wohnort gesamt

	Häufigkeit	Prozent	gültige Prozente	kumulierte Prozente
weiß ich nicht	2	1,3	1,3	1,3
bis 2.500	97	60,6	60,6	61,9
2.501 - 5.000	34	21,3	21,3	83,1
ab 5.001	27	16,9	16,9	100,0
Gesamt	160	100,0	100,0	

Tabelle 7: Verteilung Wohnort

Einwohner	bis 2.500	2.501 - 5.000	über 5.001	Summe
Österreich gesamt	2.175.868	1.403.559	4.701.868	8.281.295
Österreich ohne Großstädte	2.175.868	1.403.559	2.341.506	5.920.933
Niederösterreich	553.195	356.315	678.141	1.587.651
HTL + LBS	97	34	27	158

Tabelle 8: Einwohnerzahlen der Städte

Die Zahl der Schüler aus kleinen Gemeinden ist fast doppelt so groß wie die Bevölkerung gesamt, dafür sinkt die Anzahl bei größeren Städten fast in derselben Proportion. Das einzige, das sich hier zeigt, ist die gleichbleibende prozentuelle Verteilung bei den mittleren Städten, diese bleibt konstant. Der Vergleich zwischen Niederösterreich und Gesamtösterreich ohne Großstädte (ab 100.001 Einwohner: Innsbruck, Linz, Graz, Salzburg, Wien) ist interessant, die prozentuelle Verteilung ist nahezu ident. Detail am Rande: die Bevölkerung in diesen fünf Städten beträgt 28,5%, also mehr als ein Viertel der Gesamtbevölkerung.

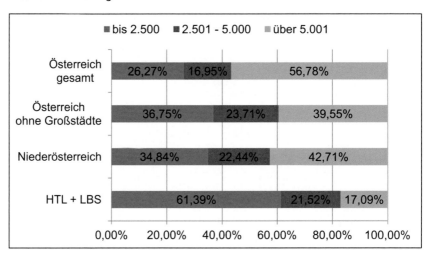

Abbildung 4: Bevölkerung/ Ortsgröße

6.3 Selbsteinschätzung des politischen Interesses

Bei der Selbsteinschätzung des politischen Interesses lässt sich kein Rückschluss auf das demografische Umfeld schließen. Lediglich die beiden Probanden, die ihre Gemeindegröße nicht kennen, sind politisch uninteressiert. Dies ist zwar einleuchtend, doch von zwei Stimmen lässt sich keine Gesetzmäßigkeit ableiten. Einzig in der Kommunengröße 2.501 – 5.000 ist ein leichter Anstieg am Interesse an der Politik festzustellen.

	weiß ich nicht	gar nicht interessiert	wenig interessiert	ziemlich interessiert	sehr interessiert
weiß ich nicht	0	1	1	0	0
bis 2.500	2	11	59	21	4
2.501 - 5.000	3	3	15	10	3
ab 5.001	1	1	19	6	0
Gesamt	6	16	94	37	7

Tabelle 9: Politikinteresse/ Wohnort

Bei folgender Tabelle wurde auf Prozentangaben aufgrund der Übersichtlichkeit verzichtet (zu kleine Felder)

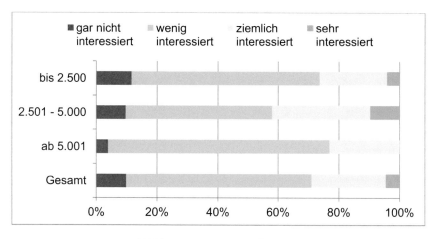

Abbildung 5: Politikinteresse/ Wohnort

Anders sieht es aus, wenn man die Altersstruktur betrachtet. Hier zeigt sich ein deutlich gesteigertes Interesse bei den ab 18-jährigen im Vergleich zu den jugendlichen Neuwählern. In dieser Altersgruppe besteht somit Handlungsbedarf seitens der politischen Aufklärung, Erziehung und Bildung. Dies wird vornehmlich die Aufgabe der Schulen sein, die Jugendlichen in dieser Richtung zu sensibilisieren.

	gar nicht interessiert	wenig interessiert	ziemlich interessiert	sehr interessiert
bis 16	16,7%	70,0%	10,0%	3,3%
	5	21	3	1
17	11,9%	74,6%	10,2%	3,4%
	7	44	6	2
ab 18	6,2%	44,6%	43,1%	6,2%
	4	29	28	4
Gesamt	10,4%	61,0%	24,0%	4,5%
	16	94	37	7

Tabelle 10: Politikinteresse/ Alter

Bei folgender Abbildung wurde auf Prozentangaben aufgrund der Übersichtlichkeit verzichtet (zu kleine Felder)

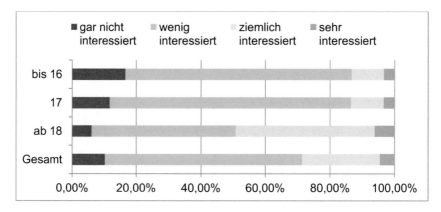

Abbildung 6: Politikinteresse/ Alter

Dieses Ergebnis steht zwar im Gegensatz zu der Umfrage, die in der SWS-Rundschau publiziert wurde (Perlot & Zandonella, 2009, p. 430), jedoch ist zu relativieren, dass bei dieser Befragung ausschließlich männliche Probanden aus einem einzigen Bundesland, Niederösterreich, befragt wurden, das Ergebnis also in gewisser Weise verzerrt ist. So stehen 28,5% bei mir 57% politisch Interessierten bei Perlot/ Zandonella gegenüber. Allerdings deckt sich dies wiederum mit einer Umfrage des Fessl+GfK Instituts (Ulram, 1995, p. 38) aus dem Jahr 1993.

Auch wenn man die Stimmabgabe analysiert, zeigt die Untersuchung von Perlot/ Zandonella auf den ersten Blick ein anderes Bild. Eine Telefonbefragung ergab (bereinigt), dass ca. 79% ihre Stimme bei der letzten Nationalratswahl abgegeben hatten (Perlot & Zandonella, 2009, p. 429), bei dieser Umfrage wären es aber nur 69% gewesen. Allerdings ist diese Frage aktuell rein hypothetischer Natur gewesen und in dem zitierten Artikel wird auch erklärt, dass die Wahlbeteiligung der BHS- und LBS-Schüler geringer ausgefallen ist, als bei den AHS-Schülern. Somit würde sich unter Berücksichtigung dieses Aspekts ein stimmiges Bild ergeben, welches sich mit der Untersuchung 2009 deckt. Die Frage die sich hier stellt, ist natürlich, warum es dazu gekommen ist. Ein Blick auf die Lehrpläne der Schulen zeigt, dass es nicht an der zur Verfügung gestellten Unterrichtszeit in politischer Bildung liegen kann:

In der Hauptschule, die es vor der Wahlrechtsreform 2007 noch flächendeckend gab (sie soll bis 2015 komplett durch die Neue Mittelschule ersetzt sein), ist laut Lehrplan ein Ausmaß von 5 – 10 Gesamtwochenstunden (über alle 4 Jahre) für den Gegenstand *Geschichte und Sozialkunde/ Politische Bildung* vorgesehen (BMUKK, 2010, p. 1). Also werden bereits 10 bis 14-jährige der Schulstufen 5 bis 8 in Politischer Bildung unterrichtet.

In den Polytechnischen Schulen ist für das Fach *Politische Bildung und Wirtschaftskunde* an Stundenausmaß von zwei Wochenstunden erlassen (BMUKK, 2012, p. 12). Polytechnische Schule ist in Österreich die 9. Schulstufe, es handelt sich hier also um ca. 15-jährige Schüler.

In der AHS-Unterstufe (derzeit ist dieser Lehrplan auch für die Neue Mittelschule gültig) scheint laut Lehrplan politische Bildung in der Stundentafel zwar nicht explizit auf, erst ab der Oberstufe gibt es den Gegenstand *Geschichte und Sozialkunde/ Politische Bildung*, jedoch sind Inhalte der politischen Bildung bereits vorgeschrieben. Als Gesamtwochenstundenanzahl ist für die 4 Jahrgänge eine Mindestanzahl von 6 Stunden verordnet, wobei bei vielen Gymnasien für die autonom festgelegte Stundenverteilung in der 5. Klasse eine Wochenstunde vorgesehen ist (BMUKK, 2003, p. 1526). 5. Klasse bedeutet 9. Schulstufe, Alter ca. 15 Jahre.

In den BHMS (HTL, Zweig Maschineningenieurwesen) war bis voriges Jahr der Kombigegenstand *Geschichte und Politische Bildung* in den ersten drei Jahren (Schulstufen 9, 10 und 11, theoretisches Alter der Schüler ca. 15 – 17 Jahre) nicht existent, erst ab der 4. Klasse, 12. Schulstufe, ist dieser Gegenstand mit je zwei Wochenstunden vorgesehen (HTL, 1998, p. 1). Seit dem Schuljahr 2011/12 gilt jedoch ein neuer Lehrplan, der vom ersten bis zum vierten Jahrgang jeweils 2 Unterrichtseinheiten im Kombigegenstand *Geographie, Geschichte und politische Bildung* vorsieht (Bundeskanzleramt, 2011, p. 16f) (Bundeskanzleramt, 2011, p. 1)

Fehlen noch die Berufsschulen: hier ist ein Ausmaß von 80 Gesamtwochenstunden vorgesehen. Für Berufsschulen ist vorgesehen, dass in den drei Lehrjahren jeder Lehrgang zehn Wochen pro Jahr Unterricht dauert. Das Berufsschulwesen ist auch das einzige, welches im Lehrplan den Gegenstand *Politische Bildung* führt, ohne mit einem anderen Sachgebiet verbunden zu sein (BMUKK, 2008, p. 1). Auch wenn hier als Referenz nur die Stundentafel der Maurer angeführt ist, gilt dies für alle Berufsgruppen.

Dies zeigt eindeutig, dass Schüler der Hauptschulen, welche der klassische „Zulieferbetrieb" der HTLs sind (wenn man diesen Begriff aus der Wirtschaftssprache hier verwendet), bereits stundenmäßig mehr Unterricht in politischer Bildung erhalten haben, als AHS-Schüler, deren Wahlbeteiligung höher liegt. Die Gründe hierfür zu suchen, wäre sicherlich für eine weitere Studie interessant. Ebenso kann die Frage, ob es im HTL-Bereich sinnvoll ist, Jugendliche erst nachdem sie wahlberechtigt geworden sind, in dieser Thematik zu unterrichten, an dieser Stelle leider nicht beantwortet werden

Dies betrifft allerdings nur das ausgewiesene Fach *Politische Bildung*. Der Gesetzgeber macht es sich in dieser Hinsicht aber jedoch leicht. Es wird ganz einfach im Schulorganisationsgesetz vorgeschrieben, dass dies jeder Lehrer immer durchzuführen hat:

§2 SchOG, Aufgabe der österreichischen Schule

„(1) Die österreichische Schule hat die Aufgabe, an der Entwicklung der Anlagen der Jugend nach den sittlichen, religiösen und sozialen Werten sowie nach den Werten des Wahren, Guten und Schönen durch einen ihrer Entwicklungsstufe und ihrem Bildungsweg entsprechenden Unterricht mitzuwirken. Sie hat die Jugend mit dem für das Leben und den künftigen Beruf erforderlichen Wissen und Können auszustatten und zum selbsttätigen Bildungserwerb zu erziehen. Die jungen Menschen sollen zu gesunden, arbeitstüchtigen, pflichttreuen und verantwortungsbewußten [sic!] Gliedern der Gesellschaft und Bürgern der demokratischen und bundesstaatlichen Republik Österreich herangebildet werden. Sie sollen zu selbständigem Urteil und sozialem Verständnis geführt, dem politischen und weltanschaulichen Denken anderer aufgeschlossen sowie befähigt werden, am Wirtschafts- und Kulturleben Österreichs, Europas und der Welt Anteil zu nehmen und in Freiheits- und Friedensliebe an den gemeinsamen Aufgaben der Menschheit mitzuwirken.

(2) Die besonderen Aufgaben der einzelnen Schularten ergeben sich aus den Bestimmungen des II. Hauptstückes.

 (3) Durch die Erziehung an Schülerheimen und im Betreuungsteil ganztägiger Schulformen ist zur Erfüllung der Aufgabe der österreichischen Schule gemäß Abs. 1 beizutragen" (Bundeskanzleramt, 2012).

Offen bleibt mit diesem Paragraphen hingegen, wie dies in jedem Fach zusätzlich zum Regelunterricht durchgeführt werden soll. Soll auf Politik, wenn auch nur kurzzeitig, in nötigem Ausmaß eingegangen werden, muss zwangsläufig der vorgesehen Lehrstoff darunter leiden, naturgemäß besonders in Vorwahlzeiten, wenn man die politische Unsicherheit Jugendlicher in Betracht zieht und ihre „politische Distanz" (Plasser & Ulram, 1982, p. 152) verringern möchte. Die Sinnhaftigkeit wird demnach in Frage gestellt. Auch wird die Frage aufgeworfen, ob dann das entsprechende Lehramt notwendig ist, wenn ohnehin jeder Lehrer diese Unterrichtsinhalte mitverwenden soll (kann, muss).

6.4 Zeitdauer

Bei der groben Einteilung beschäftigen sich über zwei Drittel der Jugendlichen weniger als zweimal pro Woche mit politischen Themen. Bei der Feinabstimmung, wo die genauere Zeitdauer erhoben wurde, befindet sich der Löwenanteil, über 70%, zwischen fünf und 20 Minuten wöchentlich. Lediglich 7 Schüler beschäftigen sich eigenen Angaben zufolge intensiv mit dieser Thematik (täglich bzw. 41 Minuten bis über 1 Stunde wöchentlich), wobei die Aufteilung zwischen HTL und LBS gleichmäßig ist. Dieses Ergebnis ist insofern überraschend, als bei Perlot/ Zandonella immerhin über drei Viertel bis zu zweimal pro Woche politischen Themen wahrnehmen (Perlot & Zandonella,

2009, p. 431), noch dazu, da männliche Probanden dabei sogar eine Spur interessierter sind und auf einen Anteil von 80% kommen. Bei meiner Befragung sind es exakt 60,1%, also ein Fünftel weniger. Zur Erinnerung sei an dieser Stelle wieder der Umstand bemerkt, dass es sich bei dieser Befragung um eine kleine spezielle Gruppe aus lediglich zwei Schulen handelt.

Aufgeschlüsselt auf die Altersgruppen ist bemerkenswert, dass der prozentuelle Anteil bei den 18-jährigen in etwa gleich ist, 76,7% zu 79% bei Perlot/ Zandonella, die beiden anderen Altersgruppen aber radikal wegbrechen (17-jährige 54,2% zu 81% und die 16-jährigen noch stärker, 34,4% zu 67%).

Eine klare Sache ist dagegen, wenn man die Aufteilung des Interesses der Beschäftigungsdauer gegenüberstellt. Die Verteilung der Antworten ist als klassisch zu bezeichnen, die Zuordnung der Prioritäten wurde also vollinhaltlich durchgeführt.

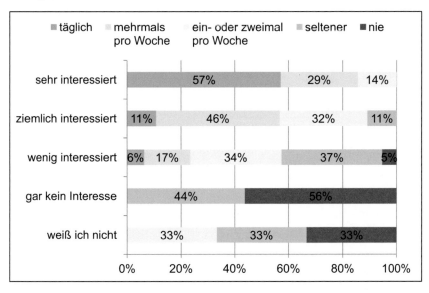

Abbildung 7: Politikinteresse/ Beschäftigungsdauer

6.5 Medium

Spielt auch die Form der Informationsbeschaffung eine andere Rolle als bei Erwachsenen? Auf welchem Weg bzw. über welche Kanäle informieren sich Jugendliche über politische Themen? Ist das Elternhaus überhaupt noch maßgeblich betroffen, sind Jugendlichen aktive persönliche Gespräche wichtig oder wird alle Information filterlos und unpersönlich über das anonyme Internet bezogen?

Zunächst einmal werden die Antworten betrachtet, wie sich Jugendliche ihre Informationen grundsätzlich beschaffen, also ob dies durch die klassischen Gespräche mit Eltern oder anderen Personen passiert oder ob hier bereits ein nennenswerter Medieneinfluss vorhanden ist.

Das klassische Gespräch ist nach wie vor die Informationsquelle Nummer eins. Da es bei dieser Frage zwei Antwortmöglichkeiten gab, könnte man auch die Reihenfolge der Antworten werten, allerdings zeigte sich bei der Auswertung auch hier ein Designfehler des Fragebogens: Es wurde leider verabsäumt, die Antworten wertend zu geben. Das bedeutet, es sind zwei gleichwertige Antworten gegeben worden. Besser wäre es, wenn man die Antworten nach der Erstinformation reihen könnte. Daher kann die Auswertung, soll sie seriös sein, nur gesamt durchgeführt werden. Da sich die Daten der beiden Schulen sehr stark annähern, wurde auf eine Aufsplittung verzichtet.

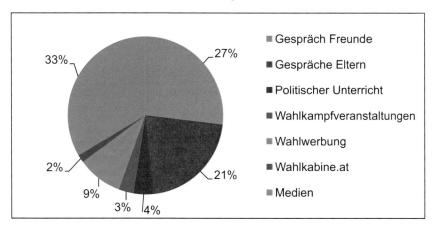

Abbildung 8: Informationsbeschaffung

43

Das klassische Gespräch hält bei über 50%, ist also die wichtigste Informationsquelle. Interessant ist jedoch, dass einem Gespräch mit Freunden, die eigentlich prinzipiell auf den gleichen Erfahrungsschatz zurückgreifen, mehr Wert gelegt wird als auf das Gespräch mit den Eltern. Dies wird darauf zurückgeführt, dass eben Freunde, üblicherweise aus ähnlichem sozialem Umfeld, dieselben Interessen verfolgen und Eltern hierbei wohl eher als Bevormundung betrachtet werden bzw. politisch gesehen andere Ziele verfolgen. Der Medienanteil, zu dem die Internetseite Wahlkabine.at ebenfalls gezählt wird, ist mit über einem Drittel ist doch überraschend hoch. Klassische Wahlwerbung mittels Straßenaktionen, Plakaten, Wahlkampfveranstaltungen und Postwurfsendungen steht erwartungsgemäß nicht sehr hoch im Kurs mit lediglich 12%.

	Gesamt	HTL	LBS
Gespräch Freunde	27% 69	24% 37	32% 32
Gespräche Eltern	21% 55	24% 37	18% 18
Politischer Unterricht	3% 8	1% 1	7% 7
Wahlkampfveranstaltungen	4% 11	4% 6	5% 5
Wahlwerbung	9% 4	1% 1	3% 3
Wahlkabine.at	2% 24	10% 16	8% 8
Medien	33% 86	38% 59	27% 27

Tabelle 11: Informationsbeschaffung

6.5.1 Informationsbeschaffung

Betrachtet man die Gespräche genauer, sieht man, dass sich seitens der Berufsschüler das Gespräch eher weg von den Eltern, hin zu Freunden und dem Schulunterricht verschiebt. Auch sieht man deutlich weniger Interesse (minus 13% inklusive Wahlkabine.at) an der Informationsbeschaffung aus den Medien.

Betrachten wir nun das Drittel der Medien näher. Welcher Art von Medium wird das größte Vertrauen gebracht. Eine erste vorschnelle Antwort ist gleich gefunden, wenn man über Jugendliche spricht: das Internet. Doch ist das wirklich so? Haben konventionelle Printmedien sowie Rundfunk in Bild und Ton ausgedient? Und vor allem, lässt sich hier aufgrund des Bildungsstandes ein Unterschied erkennen? Die folgende Fragestellung soll darüber Auskunft geben, ob das typische Bild des Schülers, der den Computer auch im Unterricht massiv als Werkzeug einsetzt gegen das des Handwerkers, der nur außerhalb der Arbeitszeit die Möglichkeit dazu findet, Bestand hat.

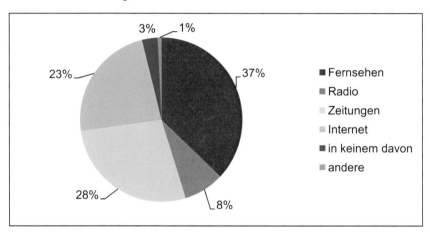

Abbildung 9: Aufschlüsselung Medieninformation gesamt

Dieses Bild zeigt klar, dass die herkömmlichen Medien Fernsehen, Radio und Zeitungen mit knapp drei Viertel nach wie vor Informationsquelle Nummer eins bei den Jugendlichen sind. Es lässt sich auch keine besondere Vorliebe aufgrund des Bildungsniveaus feststellen, lediglich zwischen Radio und Zeitungen verschieben sich ein paar Prozentpunkte. Das Internet ist konstant gleich mit einem knappen Viertel. Bei den Berufsschülern sieht man auch, dass sich 5 % mehr keine Informationen aus diesen Medien besorgen.

45

	gesamt	HTL	LBS
Fernsehen	37% 97	37% 60	37% 37
Radio	8% 21	6% 9	12% 12
Zeitungen	28% 72	32% 52	20% 20
Internet	23% 61	23% 37	24% 24
in keinem davon	3% 8	1% 2	6% 6
andere	1% 2	1% 1	1% 1

Tabelle 12: Aufschlüsselung Medieninformation

6.5.2 Internet

Kommen wir nun zur letzten Aufschlüsselung, der des Internets. Auf welchen Seiten wird nun die Information gesucht, die politisches Interesse wecken und formen soll.

	gesamt	HTL	LBS
Parteiseiten	19% 19	19% 10	20% 9
Mailanfrage	3% 3	0% 0	7% 3
Social Networks	22% 22	19% 10	26% 12
Foren	4% 4	2% 1	7% 3
Nachrichtenseiten	38% 38	48% 26	26% 12
Wikipedia	13% 13	11% 6	15% 7
WikiLeaks	0% 0	0% 0	0% 0
andere	1% 1	2% 1	0% 0

Tabelle 13: Aufschlüsselung Internet

Interessant ist, dass die Enthüllungsseite WikiLeaks mit ihren Skandalen in diesem Zusammenhang nicht existiert, obwohl auch österreichische Berichte dort vorkommen sollen. WikiLeaks wurde als Informationsquelle ausgewählt, da die Annahme bestand, dass Jugendliche an den „verbotenen", inoffiziellen Berichten bzw. den Videos dazu interessiert seien. Diese Annahme hat sich eindeutig nicht bestätigt. Beachtlich ist auch, dass die Nachrichtenseiten (ORF etc.) für die HTL-Schüler fast doppelt so viel an Informationsgewinn bedeuten wie für die LBS-Schüler. Dafür vertrauen die Maurer mehr auf Facebook und mailen direkt an die Parteien, was kein einziger HTL-Schüler macht. Insgesamt gesehen halten die Nachrichtenseiten, zu denen auch WikiPedia als Lexikon gezählt wird, bei knapp über 50%, den Rest teilen sich fast gleichmäßig die offiziellen Parteiorgane und Interessengemeinschaften.

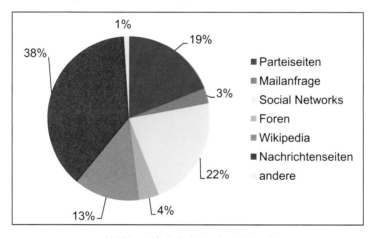

Abbildung 10: Aufschlüsselung Internet

6.6 Einstellung zu Politik und Partizipation an der Gesellschaft

Dieser Fragenkomplex soll erheben, welche Einstellung Jugendliche zu Politik haben und wo sie sich selbst in der Gesellschaft platzieren, sprich, ob sie sich am Gemeinschaftsleben beteiligen oder eher abkapseln und isolieren.

Partizipation, also politische Mitbestimmung, soll nicht auf das aktive und passive Wahlrecht alleine fokussiert bleiben, sondern alles einschließen, was

„die Gesellschaft als Ganzes sowie Untereinheiten der Gesellschaft (Stadtviertel, Gemeinde, Landkreis) beeinflußt" [sic!] (Oerter, 1998, p. 32).

	stimme sehr zu	stimme eher zu	stimme eher nicht zu	stimme überhaupt nicht zu
wählen ist Bürgerpflicht	34% 54	33% 52	17% 27	15% 24
wählen weil Eltern auch wählen	13% 20	28% 43	25% 39	35% 54
wählen ist wichtig für die Demokratie	56% 88	37% 58	6% 9	1% 2
wählen beeinflusst die Politik	29% 46	39% 61	25% 39	8% 12
Demokratie ist die beste Regierungsform	39% 61	41% 64	15% 24	6% 9
bessere Welt durch Politik	12% 19	47% 75	32% 50	9% 14
Politiker kümmern sich nicht um mich	21% 33	42% 67	33% 52	4% 6
wählen ändert nichts	11% 17	25% 40	37% 59	27% 42
leere Versprechungen	30% 48	47% 75	18% 29	4% 6

Tabelle 14: Einstellung

Das Pflichtbewusstsein, dass wählen wichtig ist, entspricht mit 67% ziemlich genau der Wahlbeteiligung (68,8%), davon, nur zu wählen, weil auch die Eltern wählen, halten die Jugendlichen jedoch nicht sehr viel. Auffällig ist auch, dass sich 97% darüber einig sind, dass wählen wichtig für die Demokratie ist. Dass die Wahlbeteiligung trotzdem nicht diesen Wert erreicht, wird darauf zurückgeführt, dass stolze 77% der Meinung sind, dass Politiker nur leere Versprechungen machen, 63% den Eindruck haben, dass sich Politiker nicht um die Belange der Jugendlichen kümmern 36% befürchten, dass eine Wahl ohnehin nichts ändert. Gut drei Viertel positionieren sich auch eher in der Mitte und nicht deutlich, ob die Politik ein Weg ist, eine bessere Welt zu schaffen. Wobei der Ausdruck *bessere Welt* natürlich hier frei interpretierbar war.

Stimme sehr/ eher zu	HTL	LBS
wählen ist Bürgerpflicht	72%	59%
	66	41
wählen weil Eltern auch wählen	44%	33%
	40	23
wählen ist wichtig für die Demokratie	93%	88%
	85	61
wählen beeinflusst die Politik	72%	61%
	66	42
Demokratie ist die beste Regierungsform	85%	70%
	77	48
bessere Welt durch Politik	64%	52%
	58	36
Politiker kümmern sich nicht um mich	61%	65%
	56	45
wählen ändert nichts	31%	42%
	28	29
leere Versprechungen	76%	78%
	69	54

Tabelle 15: Einstellung nach Schultyp

Betrachtet man nun diese Ergebnisse aufgeschlüsselt nach Schultyp, so fällt auf, dass generell bei der LBS die Zustimmungen zu den Aussagen doch deutlich schwächer ausfallen und die Verdrossenheit leicht steigt.

Vergleicht man die beiden Fragen *wählen beeinflusst die Politik* und *wählen ändert nichts*, so ergibt die Summe der beiden fast genau 100% (HTL: 102%, LBS: 101%), ich gehe also davon aus, dass die Jugendlichen die Befragung durchaus ernst genommen und ehrlich ausgefüllt haben.

Im direkten Vergleich mit der Studie von Perlot/ Zandonella (Perlot & Zandonella, 2009, p. 436f) ist das Ergebnis bei der Frage nach der Regierungsform durchaus vergleichbar (78% vs. 82%), auch, dass die Zustimmung bei Schülern (HTL) höher ist als bei Erwerbstätigen (LBS). Der Prozentsatz ist nahezu ident. Bei den Fragen zur leeren Versprechungen und ob sich Politiker um für mich wichtige Dinge kümmern, differieren die Antworten jedoch um 11% bzw. 19%. Diese Abweichung wird einerseits auf die kleinere, nicht weit gestreute Gruppe des sozialen Umfeldes der Befragten sowie darauf, dass bei meiner Untersuchung ausschließlich männliche Probanden zur Verfügung standen, zurückgeführt.

6.6.1 Partizipation

„Die Jugend hat kein Ideal, kan Sinn für wohre Werte.
Den jungen Leuten geht´s zu gut sie kennen keine Härte" (Ambros, 1975).

Ein weiterer Punkt in Bezug zur persönlichen Einstellung ist die Partizipation[9] an Politik und Gesellschaft, also der sozialen Gruppe bzw. Umfeld.

Eine leicht zu messen Form der Partizipation, besonders der politischen Partizipation, ist natürlich die Wahlbeteiligung. Weitere Konventionelle Beteiligungsformen sind zum Beispiel auch eine Übernahme von politischen Ämtern oder die Mitgliedschaft in einem Interessenverband. Doch dies betrifft eher erwachsene Bürger und noch nicht so sehr die Jugendlichen, obwohl mich die insgesamt 13 Schüler bzw. 8% doch überrascht hatten. „Die unkonventionellen, weniger institutionalisierten oder auch zuweilen illegalen Formen der Partizipation sind schwieriger zu messen und zu erforschen. Zu nennen ist hier beispielsweise der Politische Konsum des Bürgers, die Mitwirkung in Bürgerinitiativen bzw. allgemein in den Neuen sozialen Bewegungen, an Petitionen, öffentlichen Diskursen, Demonstrationen oder Streiks" (Oerter, 1998). Für diesen Punkt wurden die beiden Fragen 12 und 13 verwendet. Da im Besonderen für einen Jugendlichen (noch) nicht immer auf den ersten Blick ersichtlich ist, welche Organisationen (auch) politischen Hintergrund besitzen und welche Organisationen rein gesellschaftliche bzw. gemeinnützige Ursprünge haben, wurden die beiden Forschungsfelder auf eine Stufe bzw. Ebene gesetzt.

---

[9] Unter *politischer Partizipation* versteht man „die Teilnahme der Bürger am Prozess der politischen Meinungs- und Willensbildung und Entscheidung in einem Gemeinwesen (z.B. dem Staat oder einer Gemeine)" (Beck, 1977, p. 663).

Beteiligung an:	gesamt	HTL	LBS
1 Organisation	68% 108	73% 66	61% 42
2 Organisationen	18% 29	18% 16	19% 13
3 Organisationen	6% 10	4% 4	9% 6
4 Organisationen	1% 2	1% 1	1% 1
keine Beteiligung	33% 52	27% 25	39% 27

Tabelle 16: Organisationsbeteiligung

Wie aus Tabelle 16 ersichtlich ist, beteiligen sich zwei Drittel aller Schüler an zumindest einer Organisationsform, wobei der Anteil der HTL-Schüler deutlich höher ist. Anhand des Alters lassen sich keine Auffälligkeiten feststellen, wohl aber anhand des Wohnortes. Hier zeigt sich erwartungsgemäß eindeutig, dass die Beteiligung am politischen wie besonders am gesellschaftlichen Leben im ländlichen Bereich überproportional hoch ist. Dies betrifft beide Schulen in gleichem Maß, hat also nichts mit der Bildungsschicht gemein. Durch das dünnere Freizeitangebot in ländlicher Gegend muss eben jeder aktiv etwas unternehmen, um sich zu unterhalten, außerdem ist das Leben in der Stadt um einiges unpersönlicher, auf dem Land weiß jeder mehr über den Nachbarn, als in einem städtischen Wohnblock. Da man auf dem Land schnell ins Gerede kommt, wenn man sich nicht am öffentlichen Leben beteiligt, ist dort der Prozentsatz höher. Dies wird auch im Freiwilligenreport eindeutig belegt. „Die Abnahme der Beteiligungsquote mit dem Urbanisierungsgrad spiegelt sich auch in der Beteiligungsstruktur (Abbildung 11) wider. So kommen 22 % der Freiwilligen aus Regionen mit hoher Bevölkerungsdichte, 27 % aus Regionen mit mittlerer und 51 % aus Regionen mit niedriger Bevölkerungsdichte" (More-Hollerweger & Heimgartner, 2009, p. 61).

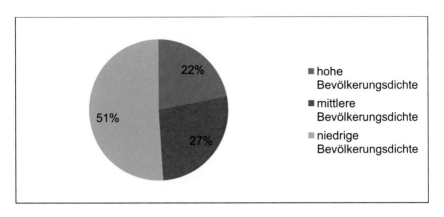

Abbildung 11: Bevölkerungsdichte/ Beteiligungsstruktur

(More-Hollerweger & Heimgartner, 2009, p. 61)

Bei folgender Tabelle wurde auf Prozentangaben aufgrund der Übersichtlichkeit verzichtet (zu kleine Felder)

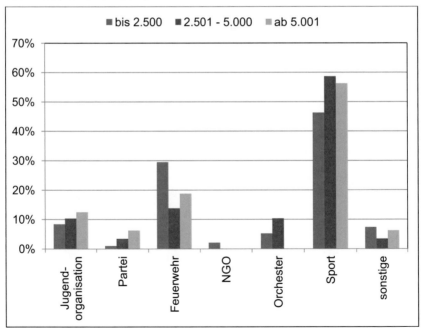

Abbildung 12: Organisation/ Wohnort

Um zum eingangs erwähnten Zitat des Liedermachers Wolfgang Ambros zurückzukommen, diese Aussage erweist sich als falsch. Wie die Befragung gezeigt hat, hat die Jugend sehr wohl Ideale, sie weichen lediglich von den Idealen der Erwachsenen ab. Doch dies ist keine Erkenntnis neuerer Zeit, dies war schon immer so. Sokrates wird zugeschrieben, er soll bereits im fünften Jahrhundert gesagt haben: „Sie [Anm.: die Jugend] hat schlechte Manieren, verachtet die Autorität, hat keinen Respekt vor älteren Leuten und schwatzt, wo sie arbeiten soll. Die jungen Leute stehen nicht mehr auf, wenn Ältere das Zimmer betreten. Sie widersprechen ihren Eltern, schwadronieren in der Gesellschaft, verschlingen bei Tisch die Süßspeisen, legen die Beine übereinander und tyrannisieren ihre Lehrer" (Lechner, 2008).

6.6.2 Politische Aktivitäten

Die Frage 13 beschäftigt sich schließlich mit dem Aktivitäten, welche Jugendliche bereits gesetzt haben bzw. wozu sie überhaupt bereit sind. Hier wurden nur ein paar exemplarische Aktivitäten erhoben, die allesamt im legalen Bereich anzusiedeln sind. Es sollte bewusst nicht erhoben werden, ob die Jugendlichen auch zu irgendwelchen illegalen Aktionen bereit wären oder bereits getan haben, da in diesem eher kleinen, fast familiären Rahmen der Befragung keine aufrichtigen Antworten zu erwarten gewesen wären. Außerdem war es nicht Ziel dieser Befragung, ein mögliches Gewaltpotential zu erforschen. Da sämtliche Probanden entweder in der HTL oder in der LBS persönlich bekannt waren, wäre sicherlich aus Angst oder Angeberei hier ein verzerrtes Ergebnis zu erwarten gewesen.

Grundsätzlich wird bei politischen Aktivitäten zwischen konventionellen, institutionalisierten Partizipationsformen wie Wahl oder Parteiarbeit und unkonventionellen, nichtinstitutionalisierten Partizipationsformen wie etwa Proteste, Demonstrationen und Unterschriftensammlungen unterschieden (Gille, et al., 1998, p. 168).

Abbildung 13 zeigt, dass als politische Aktivitäten hauptsächlich das wählen wahrgenommen wird und bildungsnähere Schichten eher zu aktiver Teilnahme bereit sind. Aktiv an einem Wahlkampf mitzuarbeiten, mit einem Politiker in Kontakt zu treten etc. ist keine große Option für die Jugendlichen.

Bei folgender Tabelle wurde auf Prozentangaben aufgrund der Übersichtlichkeit verzichtet (zu kleine Felder)

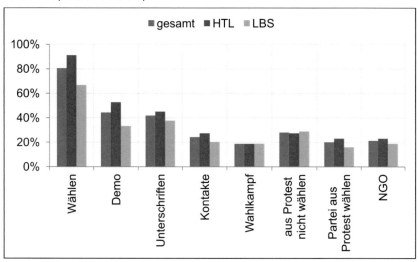

Abbildung 13: Aktivitäten/ Schultyp

Auffällig ist auch, dass diese Ergebnisse teilweise eklatant (3-20%) von den Ergebnissen bei Perlot/ Zandonella (Perlot & Zandonella, 2009, p. 434) abweichen, wobei die Tendenz allerdings eindeutig dieselbe Sprache spricht, wenn man die beiden Grafiken direkt vergleicht. Die stärksten Abweichungen der Zustimmung sind bei den Fragen *im Wahlkampf mitarbeiten* (20%) und *wählen gehen* sowie *Politiker kontaktieren* (beide je 16%) zu finden. Jeweils 8% bei *an Demo teilnehmen* und *für NGO arbeiten*, je 3% bei *Unterschriften sammeln* und *aus Protest nicht wählen*. Der Anteil der *weiß nicht* Antworten ist auch sehr hoch und liegt bei 10 bis 18%, wobei der Ausreißer und Spitzenreiter die Mitarbeit bei einer NGO ist mit 34%. Ein Vergleich der beiden Schultypen verläuft sehr ähnlich, wobei die HTL-Schüler bei den beiden ersten Punkten eine Spur entschlossener sind und die LBS-Schüler stark beim letzten Punkt (NGO). Interessanterweise war der Ausdruck NGO aber bei den HTL-Schüler offensichtlich bekannt (es gab keinerlei Rückfragen), bei der LBS musste dies erst während der Befragung kurz erklärt werden.

Vergleicht man nun die Aktivitäten mit dem Alter, zeigt sich, dass jüngere Schüler, bis inklusive 16 Jahre, die geringste Bereitschaft zeigen, aktiv zu werden und die Teilnahme mit den Jahren steigt, wobei auch die Anzahl der *weiß nicht*-Antworten bei jeder Frage kontinuierlich steigt. Einzige Ausnahme, bei *eine Partei nur aus Protest wählen* gibt es einen Einbruch statt eines Anstieges bei den 17-jährigen (bis 16: 4%, 17: 1%, ab 18: 7%). Auch wenn man die Aktivitäten mit dem Wohnort vergleicht, ist das Ergebnis analog der Teilnahme am Vereins- bzw. Organisationsleben. Der sogenannte ländliche Bereich dominiert die beiden anderen, siehe Abbildung 14. In absolut jedem Punkt gibt es im Bereich bis 2.500 Einwohner mehr Zustimmung als bei den beiden anderen zusammen. Interessant ist auch, dass bei der Mitarbeit bei NGOs ein eklatant hoher Anteil an Unentschlossenen zu sehen ist. Aufgeschlüsselt nach Schultyp sind dies 14 Schüler bzw. 8% bei der HTL und 32 Schüler bzw. 46% bei der LBS. Nach der Befragung wurde leider klar, dass viele mit dem Begriff *NGO* nicht klargekommen sind. Dies konnte in der kurzen Zeit der Befragung auch nicht ausreichend kommuniziert werden. Unentschlossenheit ist generell ein großes Problem, wie die Grafik deutlich zeigt. Immerhin 10% wissen nicht einmal, ob sie überhaupt wählen sollen und dies ist bei allen Aktivitäten noch die kleinste Gruppe bei den *weiß nicht* Antworten.

Bei folgender Tabelle wurde auf Prozentangaben aufgrund der Übersichtlichkeit verzichtet (zu kleine Felder)

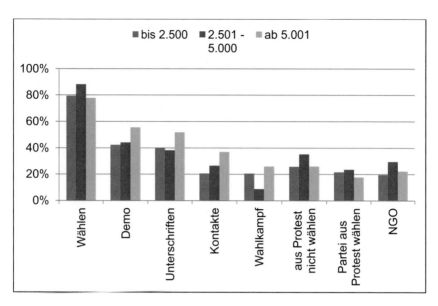

Abbildung 14: Aktivitäten/ Wohnort

Ursprünglich wäre hier auch die Auswertung der letzten Frage des Fragebogens vorgesehen gewesen, die offene Frage zum politischen System. Die Formulierung war jedoch retrospektiv betrachtet ein weiterer Designfehler, da *das politische System* nicht zwingend gleichbedeutend mit der *Regierungsform Demokratie* verstanden werden kann. Anhand der Antworten dieser offenen Frage, es wurden eher Probleme wie Korruption, Medienabhängigkeit, leere Versprechungen etc. angesprochen, kristallisierte sich dieses Missverständnis heraus.

6.6.3 Sender wechseln

Diese Frage lieferte eher wenig Aufschlussreiches. Konkret wechseln knapp über 50% den Fernsehsender, wenn eine Wahlwerbung ausgestrahlt wird (wegzappen), und knapp unter 50% bei einer politischen Belangsendung im Radio. Dies betrifft die Privatsender, da im ORF keine dezidierte Wahlwerbung ausgestrahlt wird. Es konnten auch keine Auffälligkeiten in Bezug auf Bildungsschicht, Alter oder Wohnort festgestellt werden. Beim Fernsehen ist es nach diesem Ergebnis offensichtlich eine Spur einfacher, eine interessantere

Sendung zu finden als mit dem Radio, bzw. wird das Radio eher im Hintergrund konsumiert und eine Unterbrechung des Programmes wird nicht so stark wahrgenommen. Bei dieser Fragestellung wäre es aber sinnvoll, sich näher damit zu befassen, welche Sender von Jugendlichen in diesem Zusammenhang konsumiert werden und inwieweit diese Sender von Wahlwerbung überhaupt betroffen sind oder wie sehr die Sendungen aktiv wahrgenommen werden.

6.7 Stimmabgabe

Um der sinkenden Wahlbeteiligung Herr zu werden, ist einer der Versuche, den Zugang zu einer Wahl möglichst einfach und auch zeitsparend zu gestalten. Ein Versuch dazu ist E-Voting. Dies ist die „Stimmabgabe mit Unterstützung von elektronischen Hilfsmitteln, insbesondere mit Hilfe des Internets oder per Telefon oder SMS. Von den BefürworterInnen wird E-Wählen als Möglichkeit zur Erhöhung der Wahlbeteiligung gesehen" (Rosenberger & Seeber, 2008, p. 103). Problematisch in diesem Zusammenhang ist jedoch das Vertrauen in die Sicherheit dieser Möglichkeit, da nicht überprüft werden kann, ob die Stimmabgabe wirklich alleine und ohne Zwang von der jeweiligen Person durchgeführt wird und dass auch die elektronischen Systeme nicht manipuliert werden können. Wenn man die verschiedenen Meldungen in den Medien verfolgt, sind internetbasierte Lösungen durchaus anfällig für Eindringlinge. „Zusammengefasst muss E-Voting die grundsätzlichen Anforderungen an allgemeine, unmittelbare, freie, gleiche und geheime Wahlen, die eindeutige Feststellung der Wahlberechtigung, die dauerhafte Geheimhaltung der abgegebenen Wahlentscheidung, die gebotene Einmaligkeit der Stimmabgabe und Stimmzählung auch bei einer Alternative zwischen online und traditionellem Wählen sowie die Sicherheit des gesamten Wahlvorganges vor Manipulation und die Nachprüfbarkeit der Wahlergebnisse zu garantieren" (Hämmerle, 2009, p. 224).

Beobachtet man Jugendliche in verschiedenen Situationen, so stellt man fest, dass dank diverser Social Networks Plattformen, allen voran Facebook, während ihrer Arbeiten laufend der Blick aus das Mobiltelefon abschweift bzw. dieses während einer Unterhaltung auch nebenbei bedient wird. Man ist natürlich versucht anzunehmen, dass sie alles, also auch die Stimmabgabe bei einer Wahl, mit dem Handy durchführen wollen.

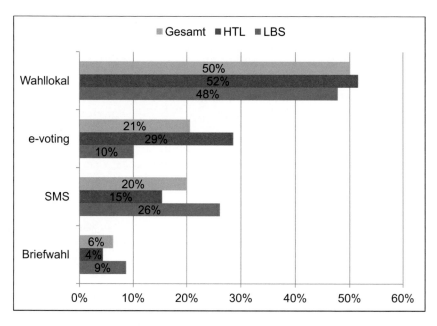

Abbildung 15: Stimmabgabe

Das Wahllokal freut sich ungetrübter Beliebtheit und die Möglichkeiten der Briefwahl werden nicht stark genutzt. SMS und e-voting halten sich mit je einem Fünftel die Waage, wobei die jeweilige Beliebtheit zwischen HTL- und LBS-Schülern kippt. Wenn man davon ausgeht, dass der Computer ein stark genutztes Arbeitsmittel bei Schülern höherer Schulen ist, überrascht dieses Ergebnis nicht. LBS-Schüler, in diesem Fall die Maurerlehrlinge, haben offensichtlich mehr Vertrauen in das Mobiltelefon, das sie auch anscheinend besser kennen, da sie dies auch ständig um sich haben, während der Computer nicht ihr bevorzugtes Werkzeug ist. Bei der Briefwahl ist zu bedenken, dass eventuell diese Möglichkeiten, da sie ebenfalls im Zuge der Wahlrechtsreform von 2007 überarbeitet wurde (Bundeskanzleramt, 2012), noch nicht in ausreichendem Ausmaß bekannt sind, da vor 2007 die Briefwahl ausschließlich für im Ausland lebende Staatsbürger möglich war.

6.8 Selbstbeurteilung

Ein weiterer wichtiger Punkt ist natürlich, wie sich die Jugendlichen selbst bezüglich ihres Informationsstandes beurteilen und ob sie die Möglichkeit, mit 16 wählen zu dürfen, auch für sinnvoll halten.

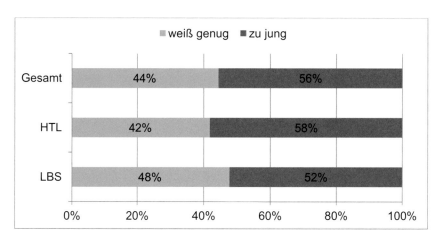

Abbildung 16: Selbsteinschätzung

Wie aus Abbildung 16 ersichtlich ist, trauen sich die Jugendlichen noch nicht selbst zu, das nötige Wissen zu haben, politisch zu urteilen und halten sich für zu jung. Hier wurde die Zustimmung zu der Frage 16a (mit 16 ist man noch zu jung) der Ablehnung der Frage 16b (mit 16 weiß man bereits genug) gegenübergestellt. Eine leichte Mehrheit hält sich demnach noch nicht für genügend vorbereitet, eine „richtige" Wahlentscheidung zu treffen. Wobei dies insofern Brisanz enthält, da sich doch ein Großteil von den Entscheidungen der Politik für betroffen empfindet (Abbildung 17). Verwunderlich ist demnach auch, dass sich zwar die Erwerbstätigen nicht so sehr für zu jung halten und mehr über Politik zu wissen glauben als die Schüler, aber sie sehen sich dennoch nicht so sehr von politischen Entscheidungen betroffen. Erklären werden kann dies einzig dadurch, dass es zur Zeit (und auch zum Zeitpunkt der Befragung) viele Berichte über die Schulpolitik (Reformen, Verhandlungen, Hochschulpolitik etc.) gibt bzw. gab, und sich die HTL-Schüler stärker damit auseinandersetzen, da dies ihr derzeitiger „Beruf" ist, wogegen die LBS-Schüler eher ihre Arbeit im Vordergrund sehen und die Berufsschule daher nur eine Unterbrechung dieser ist und die Jugendlichen beider Schultypen die restliche Tagespolitik gleichermaßen aufmerksam mitverfolgen (siehe 6.4 Zeitdauer).

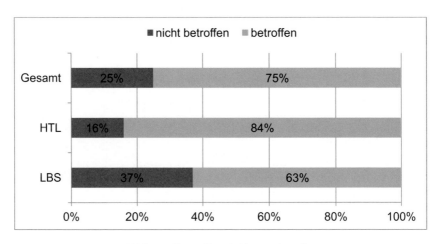

Abbildung 17: von Entscheidungen betroffen

6.9   Abschließende offene Fragen

Vorab, diese Möglichkeit wurde nicht für sinnentleerte Polemik benutzt, obwohl dies zu einem kleinen Teil befürchtet wurde. Lediglich je ein Proband in beiden Schulen hatte jeweils einen sinnlosen Eintrag gemacht. So gesehen wurden die Fragebögen ernsthafter beantwortet als angenommen.

Die Beteiligung an den offenen Fragen, also sich eine Antwort selbst zu überlegen und hinzuschreiben, war auch relativ hoch und bei beiden Schulen gleichmäßig (Differenz 2%). Bei der Frage, ob Wählen mit 16 gut oder schlecht ist, lag die Beteiligung bei 71% und bei der Frage nach unserem politischen System bei 54%. Dies wird doch als hohe Beteiligung gewertet, da Atteslander und Raithel meinen, man erhält auf offene Fragen weniger Antworten, da sie zeitaufwändiger sind und bei Personen mit Verbalisierungsproblemen eher auf Ablehnung stoßen (Atteslander, 2006, p. 138f; Raithel, 2008, p. 69).

Interessant bei diesen Fragen war, dass, obwohl sich eine leichte Mehrheit der Jugendlich für zu jung gehalten hat und vorgab, noch nicht ausreichend über Politik Bescheid zu wissen, doch eine leichte Mehrheit dafür ausgesprochen hat, dass Wählen mit 16 sinnvoll ist. Abbildung 18 zeigt, dass sich ein Drittel der gesamten befragten Jugendlichen dafür ausgesprochen hat, die meistgenannte selbst formulierte Antwort war, dass sie einfach das Recht haben, selbst über ihre Zukunft mitzubestimmen. bei dem guten Viertel an Gegnern war der Tenor, dass sie zu jung, uninformiert und zu leicht beeinflussbar von Propaganda sind. Während sich allerdings bei der Frage 16 beide Schultypen für zu jung gehalten haben, kippt hier das Ergebnis bei den LBS-Schülern, da eine leichte Mehrheit Wählen mit 16 für schlecht gehalten haben. Bemerkenswerterweise haben sich 48% der an Politik nicht Interessierten über diese Frage Gedanken gemacht, während nur 20% der an Politik Interessierten hierzu Überlegungen angestellt hatten. Zwei Schüler hatten bei dieser Frage eine Antwort gegeben, die eigentlich ein Alarmsignal bzw. ein Hilferuf ist. Sie schrieben, dass sie in der Schule über dieses Thema noch nichts gelernt hatten! Wenn davon ausgegangen wird, dass sie eventuell durch Fehlstunden den einen oder anderen Unterricht hierzu versäumt haben, dann kamen diese Unterrichtsinhalte doch offensichtlich viel zu kurz, denn so oft können sie an und für sich nicht abwesend sein. Diese beiden Antworten kamen bei den HTL-Schülern vor, wo „Politische Bildung" ein Kombigegenstand mit „Geschichte" ist.

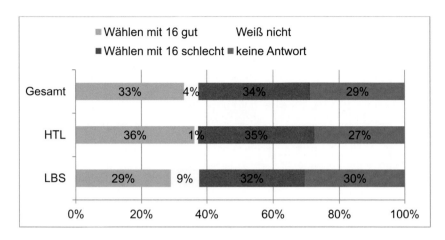

Abbildung 18: Wählen mit 16

Die Antwortbereitschaft zum politischen System war etwas geringer, als zu Wählen mit 16, wobei sich bei dieser Frage mehr LBS-Schüler als HTL-Schüler Gedanken gemacht hatten. Bei der Frage zu Wählen mit 16 lag die Antwortbereitschaft (inklusive *weiß nicht*) bei 71%, beim politischen System nur mehr 54%.

Hier war ein knappes Drittel der Meinung, dass unser politisches System eher schlecht ist, wobei die LBS-Schüler ein deutlich schlechteres Bild der Politik haben. Abbildung 19 zeigt wieder die gesamten Befragten, Abbildung 20 um die nicht gegeben Antworten bereinigt.

Die Beantwortung dieser Frage hat sich grob in zwei Richtungen geteilt, einerseits wurde als gut unter politisches System die Demokratie verstanden, der zweite, schlechte Teil manifestierte sich in der Interpretation der Personen. Es kam hier zu keinerlei Einträgen, die beide Seiten ansprachen, hier wurde klar und eindeutig positioniert. Lediglich ein einziger Eintrag verband die beiden Richtungen, die an und für sich sämtliche Antworten auf einen Nenner bringen: „Theorie gut, Praxis schlecht".

Als positiv wurde empfunden, dass die Macht auf mehrere Personen verteilt ist und die Bürger ein Mitsprache- bzw. Mitbestimmungsrecht besitzen, negativ wurde bemängelt, dass Politiker korrupt sind (Eigeninteresse, in die eigene Tasche arbeiten, jeder macht, was er will), zu viel geredet und zu wenig gehandelt wird, es nur darum geht, Recht zu haben und leere Versprechungen gemacht werden. Abbildung 19 zeigt wieder die Ergebnisse mit den abgegebenen Antworten als 100%-Basis, Abbildung 20 unter Berücksichtigung der nicht gegebenen Antworten, wo das Feld leer gelassen wurde.

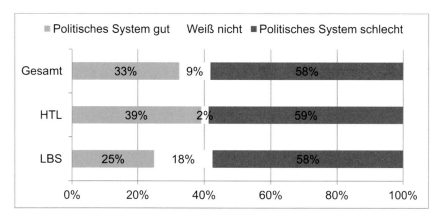

Abbildung 19: Politisches System

Auch bei dieser Frage gaben mehr Schüler, die eingangs angegeben hatten, sich nicht für Politik zu interessieren, die größere Zahl an Antworten. Hier waren es zwar etwas weniger als beim Wählen mit 16, nämlich nur mehr 39%, und 19% der politisch Interessierten. Auffallend ist hier auch, dass die Positionierung bei dieser Frage deutlich mehr in Richtung Verdrossenheit geht und eigentlich nur ein knappes Fünftel zufrieden ist. Da die LBS-Schüler erwerbstätig sind und den rauen Wind der Wirtschaft spüren, dürfte hier auch die Unzufriedenheit größer sein als bei den behüteten und eher abgeschotteten HTL-Schülern, die, außer durch Ferialpraktika, noch keinerlei persönliche Berufserfahrung haben.

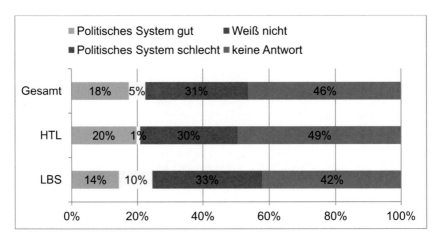

Abbildung 20: Politisches System bereinigt

7 Fazit

Bei all den negativen Meinungen (von älteren Menschen) über jugendliches Politikverständnis muss doch bemerkt werden, dass durchwegs ein Interesse vorhanden ist. Eine Verallgemeinerung über „die Jugend" kann allerdings nicht getroffen werden, ebenso wenig wie über andere Gruppen der Gesellschaft. Jugendliche präsentieren sich durchaus nicht als homogene Gruppe, sondern als diffiziles Gefüge.

Wie um diese Tatsache zu unterstreichen, gibt es dann allerdings doch partielle Gemeinsamkeiten. So lässt sich in manchen Punkten eine Unterscheidung treffen, ob es sich um *reine* Schüler, naturgemäß ohne nennenswerte Berufserfahrung wie die HTL-Schüler, oder um Erwerbstätige, wie die LBS-Schüler handelt.

Wenn man die Gemeindegröße als Messlatte heranzieht, findet sich in einigen Bereichen kein Unterschied, andererseits wiederum zeigen sich die Bewohner ländlicher Gegenden als aktiver und aufgeschlossener als Stadtbewohner und dass das Politikinteresse erst mit 18 wirklich steigt. Das heißt jetzt nicht, dass sich 16-jährige nicht mit Politik beschäftigen, sondern nur, dass dieses Interesse noch nicht sehr ausgeprägt ist und zum Beispiel durch Umgestaltung des Lehrplans (Verschiebung der Unterrichtsinhalte in die unteren Jahrgänge der höheren Schulen) noch einiges an Potential vorhanden wäre. Die Lehrerkollegen attestierten diesen Umstand ebenfalls, dass das Interesse, bis auf Ausnahmen, nicht sehr ausgeprägt ist. Es erscheint auch nicht sehr sinnvoll, erst dann den entsprechenden Unterricht durchzuführen, wenn sie bereits gewählt haben. Egal, um welche Wahl es sich handelt, es betrifft doch immerhin zumindest zwei Jahrgänge.

Wenn man das Ergebnis der Frage, ob sie Wählen mit 16 gut finden, betrachtet, ergibt sich ein unterschiedliches Bild, wenn man die Befragung den Interviews der Lehrerkollegen gegenüberstellt. Das Urteil der Kollegen fällt doch deutlich schlechter aus.

Informationen besorgen sich die Jugendlichen auch nicht ausschließlich über elektronische Medien wie Internet und Facebook, wie ihnen immer angelastet wird, sondern vornehmlich über Gespräche mit Eltern und Freunden, sowie mittels Fernsehen, Radio und Printmedien. Es ist egal, ob man bei der Frage das Alter, die Gemeindegröße, das Politikinteresse oder was auch immer für einen zweiten Parameter der Kreuztabelle heranzieht, das Gespräch und die klassischen Medien sind immer die Informationsquelle Nr.1. Hier herrscht eine große Übereinstimmung mit den Experteninterviews, auch dort wird dem Gespräch ein hoher Stellenwert beigemessen.

Durch ihre Aktivitäten in verschiedenen Vereinen und Organisationen scheinen sie ihren Platz in der Gesellschaft zu finden und auch zu behaupten. Hauptsächlich sind die Jugendlichen in Sportvereinen und der Feuerwehr organisiert, immerhin eine Organisation mit dem Ziel des Gemeinwohls.

Unterschiede im Bildungsniveau lassen sich teilweise feststellen. Das Politikinteresse ist bei beiden Gruppen gleich groß. Die Beschäftigungsdauer ist bei den HTL-Schülern höher, ebenso das Pflichtbewusstsein (würde wählen, wählen ist Bürgerpflicht etc.). Die Politik(er)verdrossenheit hingegen ist bei den erwerbstätigen LBS-Schülern wiederum höher. Diese Verteilung wird als nahezu klassisches Rollenklischee betrachtet, das sich hier bestätigt. Diese Meinung, welche die Schüler hier von sich haben, deckt sich auch mit dem Bild, welches sich bei der Befragung der Lehrerkollegen herauskristallisiert. Auch diese sehen eine Verdrossenheit, welche vorläufig in Desinteresse endet und auch wenn diverse Veranstaltungen nicht direkt der FPÖ zugesprochen werden, kann man diese Partei doch durch die Beschreibungen erkennen. Unterstrichen wird dies durch die Tatsache, dass es eine Handvoll LBS-Schüler gab, die „FPÖ" an verschiedene Stellen des Fragebogens geschrieben hatten. Die Mitarbeit in verschiedenen Organisationen ist ebenfalls bei HTL-Schülern mehr ausgeprägt, lediglich bei der Feuerwehr liegen beide gleichauf, und bei Jugendorganisationen ist die LBS vorne, bei Parteien scheint die HTL überhaupt nicht auf. Dass in kleineren Gemeinden die Anzahl der politischen Partizipatoren auffallend größer ist, findet sich nicht nur im Freiwilligenreport, dieser Umstand wurde auch von den Experten angesprochen und begründet.

Im abschließenden offenen Statement der Kollegen kristallisierte sich eine große Hoffnung und positive Meinung über die Jugend heraus mit der Prämisse notwendiger Rahmenbedingungen. Eine Meinung, welche die Jugendlichen von sich selbst eigentlich gar nicht in diesem Ausmaß hat.

In der Presse findet sich ein Kommentar von Filzmaier: „Ich kann das Klischee von der No-Future-Generation nicht nachvollziehen" (Auer, et al., 2012, p. 4). Diese Untersuchung unterstreicht diese Aussage auch bzw. belegt, dass es sich nicht um eine No-Future-Generation, sondern eher um eine Other-Future-Generation handelt, da sie die derzeitige politische Struktur ablehnen und Neuerungen durchaus positiv gegenüberstehen

Die Eingangshypothese *Die Jugendlichen in ihrer Gesamtheit sind politisch uninteressierte und unreife Personen, die leicht zu beeinflussen sind und durch ihr mangelndes Verantwortungsbewusstsein auch nicht an der sozialen Struktur der Gesellschaft teilhaben wollen. Sie wollen selbst auch nicht am politischen Leben partizipieren und werden die Wahlbeteiligung durch ihr Fernbleiben weiter senken und die politische Legitimation dadurch reduzieren* wird durch die Befragung der Schüler und auch ihrer Lehrer eindeutig widerlegt. Es ist ein grundsätzliches Interesse und auch eine große Teilnahme am politischen Zusammenleben auszumachen. Die Wahlbeteiligung ist in etwa mit der Erwachsener gleichzusetzen.

Die Forschungsfragen zum Politikinteresse *Sind Jugendliche an Politik interessiert und haben sie auch die notwendige Einsichtigkeit und das Verantwortungsbewusstsein, politische Entscheidungen zu treffen?* und *Werden die Erwachsenen in die Meinungsbildung eingeschlossen oder hat nur die Peer-Group Einfluss?* lassen sich dahingehend beantworten, dass Jugendliche teilweise an Politik interessiert sind (jedoch nicht so sehr an den ausführenden Personen) und dass bei den Erwachsenen sehr wohl um Hilfestellung zur Meinungsbildung gebeten wird.

Die Frage zur Struktur *Lässt sich die Jugend so verallgemeinern oder gibt es altersmäßige respektive demografische Unterschiede in der Auffassung bzw. Meinungen?* kann weder eindeutig bestätigt noch dementiert werden, die

Antworten sind hier durchwachsen. Es lässt sich lediglich ein leichter Anstieg in allen Belangen in kleineren Gemeindegrößen feststellen.

Die Frage zur Partizipation *Nehmen Jugendlichen am politischen gesellschaftlichen Leben teil oder leben sie in einer Parallelgesellschaft bzw. Subkultur, in der sie abgeschottet sind?* wiederum liefert ein eindeutiges Ergebnis: Sie leben in keiner Subkultur und nehmen am politischen Leben in einem Ausmaß teil, wie Erwachsene auch.

Zusammengefasst wird diese Arbeit mit einer Analogie zu einem technischen Thema:

Die Jugend befindet sich auf ihrem Weg in die Zukunft. Größtenteils ist sie mit Begeisterung unterwegs. Ein Teil davon navigiert mit Hilfe von leider veralteten Straßenkarten bzw. mündlichen Wegbeschreibungen, bei denen natürlich etliche neue Wege, Abkürzungen und dergleichen, noch nicht eingezeichnet sind. Ein anderer Teil ist mittels Navigationsgerät unterwegs, wobei jedoch der Empfang der Signale stark beeinträchtigt ist bzw. die Handgeräte teilweise nicht kompatibel zum gesendeten GPS-Signal sind. Ankommen werden sie alle, die Frage ist bei dieser Voraussetzung nur wann, wie und wo.

8 Literaturverzeichnis

(MA62), R. M., 2010. *wien.at - Magistrat der Stadt Wien.* [Online]
Available at: http://www.wien.gv.at/wahl/NET/GR101/GR101.htm
[Zugriff am 15 10 2012].

Aichinger, P., 2012. Parteinahe Vereine: Warum Askö und Co. die SPÖ
verlassen. *Die Presse,* Issue 27.09.2012, p. 40.

Albert, M. & Hurrelmann, K., 2006. *Jugend 2006 - 15. Shell Jugendstudie.*
Frankfurt am Main: S. Fischer Verlag GmbH.

Albert, M. & Hurrelmann, K., 2010. *Jugend 2010 - 16. Shell Jugendstudie.*
Frankfurt am Main: S. Fischer Verlag GmbH.

Alemann, U. v., Morlok, M. & Godewerth, T., 2006. *Jugend und Politik -
Möglichkeiten und Grenzen politischer Beteiligung der Jugend.* Baden-Baden:
Nomos Verlagsgesellschaft.

Ambros, W., 1975. *Zwickt's mi.* [Tonaufnahme] (Bellaphon).

Atteslander, P., 2006. *Methoden der empirischen Sozialforschung.* Berlin:
Schmidt.

Auer, M., Bayrhammer, B., Hierländer, J. & Kugler, M., 2012. Politik und Jugend
- ein Minenfeld. *Die Presse*, 23 August, p. 4.

Beck, R., 1977. *Sachwörterbuch der Politik.* Stuttgart: Alfred Kröner Verlag.

Betz, T., Gaiser, W. & Pluto, L., 2010. *Partizipation von Kindern und
Jugendlichen - Forschungsergebnisse, Bewertungen, Handlungsmöglichkeiten.*
Schwalbach/Ts.: Wochenschau Verlag.

BMUKK, 2003. *Verordnung der Bundesministerin für Bildung, Wissenschaft und
Kultur, mit der Lehrpläne im schulischen Bildungsbereich geändert werden.*
[Online]
Available at: http://www.bmukk.gv.at/medienpool/9431/VO_LP_AHS03.pdf
[Zugriff am 29 07 2012].

BMUKK, 2008. *Lehrpläne: Berufsschulen.* [Online]
Available at: http://www.abc.berufsbildendeschulen.at/upload/1718_Maurer-
Maurerin.pdf
[Zugriff am 29 07 2012].

BMUKK, 2010. *Neuer Lehrplan der HS.* [Online]
Available at: http://www.bmukk.gv.at/medienpool/868/stundentafel.pdf
[Zugriff am 29 07 2012].

BMUKK, 2012. *Lehrplan der Polytechnischen Schule.* [Online]
Available at:
http://www.schule.at/fileadmin/DAM/Gegenstandsportale/Polytechnische_Schul
e/Dateien/PTSLehrplan-2012.pdf
[Zugriff am 29 07 2012].

Bredner, B., 2003. *Statistische Beratung und Lösungen.* [Online]
Available at: http://www.bb-sbl.de/tutorial/stichproben/reliabilitaetvaliditaet
[Zugriff am 21 03 2012].

Bundeskanzleramt, 2011. *RIS.BKA - Lehrpläne der Höheren technischen und
gewerblichen Lehranstalten - Anlage 1.* [Online]
Available at:
http://www.ris.bka.gv.at/Dokumente/BgblAuth/BGBLA_2011_II_300/COO_2026
_100_2_701382.html
[Zugriff am 10 9 2012].

Bundeskanzleramt, 2011. *RIS.BKA - Lehrpläne der Höheren technischen und
gewerblichen Lehranstalten - Anlage 1_1.* [Online]
Available at:
http://www.ris.bka.gv.at/Dokumente/BgblAuth/BGBLA_2011_II_300/COO_2026
_100_2_701383.html
[Zugriff am 10 9 2012].

Bundeskanzleramt, 2012. *RIS.BKA - Nationalratswahlordnung 1992.* [Online]
Available at:
http://www.ris.bka.gv.at/GeltendeFassung.wxe?Abfrage=Bundesnormen&Geset
zesnummer=10001199
[Zugriff am 13 07 2012].

Bundeskanzleramt, 2012. *RIS.BKA - Schulorganisationsgesetz 1962.* [Online]
Available at:
http://www.ris.bka.gv.at/GeltendeFassung.wxe?Abfrage=Bundesnormen&Geset
zesnummer=10009265&FassungVom=2012-09-05
[Zugriff am 05 09 2012].

Detjen, J. et al., 2004. *Anforderungen an Nationale Bildungsstandards für den
Fachunterricht in der Politischen Bildung an Schulen.* Schwalbach/Ts.:
Wochenschau Verlag.

Diekmann, A., 2007. *Empirische Sozialforschung - Grundlagen, Methoden,
Anwendungen.* Reinbek bei Hamburg: s.n.

Gille, M., Krüger, W., de Rijke, J. & Willems, H., 1998. Poitische Orinetierung,
Werthaltung und Partizipation Jugendlicher. In: C. Palentien & K. Hurrelmann
(Hg.), Hrsg. *Jugend und Politik.* Berlin: Hermann Luchterhand, pp. 148 - 177.

Hämmerle, K., 2009. Click 'n' Vote. In: P. Filzmaier, P. Plaikner & K. A. Duffek
(Hg.), Hrsg. *Stichwort Wählen.* Wien: Böhlau, pp. 219 - 236.

HTL, 1998. *Eine Portalseite der berufsbildenden Schulen.* [Online]
Available at:
http://www.htl.at/fileadmin/content/Lehrplan/HTL/MASCHINENING.W._Anlage_
1.1.5_382-98.pdf
[Zugriff am 29 07 2012].

Kozeluh, U. & Nitsch, S., 2006. *Wählen heißt erwachsen werden - Analyse des
Wahlverhaltens Jugendlicher zwischen 16 und 18 Jahren bei der Wiener
Landtagswahl 2005.* [Online]
Available at: http://www.sws-
rundschau.at/archiv/SWS_2006_2_kozeluh_nitsch.pdf
[Zugriff am 30 09 2012].

Lechner, J., 2008. *Knigge: Respekt und Manieren als Schulfach.* [Online]
Available at:
http://diepresse.com/home/bildung/schule/363600/Knigge_Respekt-und-
Manieren-als-Schulfach
[Zugriff am 15 08 2012].

More-Hollerweger, E. & Heimgartner, A., 2009. *1. Bericht zum freiwilligen
Engagement in Österreich,* Wien: Bundesministerium für Arbeit, Soziales und
Konsumentenschutz.

Oerter, R., 1998. Psychologische Aspekte: Können Jugendliche politisch
mitentscheiden?. In: C. P. K. Hurrelmann, Hrsg. *Jugend und Politik.* Berlin:
Hermann Luchterhand Verlag GmbH, pp. 32 - 46.

Ogris, G., 2010. *SORA.* [Online]
Available at: http://www.sora.at/fileadmin/images/content/Pages/SORA-
Presseunterlage_Wahlverhalten-Wien-Junge.pdf
[Zugriff am 22 10 2012].

Perlot, F. & Zandonella, M., 2009. *Wählen mit 16 - Jugendliche und Politik in
Österreich.* [Online]
Available at: http://www.sws-
rundschau.at/archiv/SWS_2009_4_Perlot_Zandonella.pdf
[Zugriff am 28 11 2011].

Plasser, F. & Ulram, P. A., 1982. *Unbehagen im Parteienstaat.* Graz: Böhlau.

Raab-Steiner, E. & Benesch, M., 2008. *Der Fragebogen; von der
Forschungsidee zur SPSS-Auswertung.* Wien: Facultas.

Raithel, J., 2008. *Quantitative Forschung; ein Praxiskurs.* Wiesbaden: Verlag für
Sozialwissenschaften.

Reutterer, A., 1992. *Erleben und Verhalten - Einführung in die
Humanpsychologie.* Wien: Franz Deuticke VerlagsGmbH.

Rosenberger, S. & Seeber, G., 2008. *Wählen.* Wien: Facultas.

Sander, W., 2005. *Handbuch politische Bildung.* Schwalbach/Ts.: Wochenschau Verlag.

Statistik Austria, 2009. *Demografisches Jahrbuch 2008,* Wien: s.n.

Statistik Austria, 2011. *Statistik Austria.* [Online]
Available at:
http://www.statistik.at/web_de/statistiken/bevoelkerung/bevoelkerungsstruktur/b
evoelkerung_nach_alter_geschlecht/index.html
[Zugriff am 19 04 2012].

Ulram, P. A., 1995. Jugend und Politik in den Neunziger Jahren. In: B. f. U. u. k.
Angelegenheiten, Hrsg. *Informationen zur Politischen Bildung.* Wien: Dachs-
Verlag, pp. 37 - 47.

Wikipedia, 2003. *Dichotomie.* [Online]
Available at: http://de.wikipedia.org/wiki/Dichotomie
[Zugriff am 21 03 2012].

Wikipedia, 2004. *Aktivist.* [Online]
Available at: http://de.wikipedia.org/wiki/Aktivist
[Zugriff am 21 03 2012].

Wikipedia, 2006. *Oral History.* [Online]
Available at: http://de.wikipedia.org/wiki/Oral_History
[Zugriff am 21 03 2012].

Winter, S., 2000. *Quantitative vs. Qualitative Methoden.* [Online]
Available at: http://imihome.imi.uni-karlsruhe.de/nquantitative_vs_qualitative_
[Zugriff am 21 03 2012].

9 Anhang

9.1 Statements der unterrichtenden Lehrer an beiden Schulen

An beiden Schulen wurden jeweils zwei Kollegen des entsprechenden Unterrichtes mit den Ergebnissen der Untersuchung konfrontiert und um ihre persönliche Einschätzung dieser Resultate gebeten. Dies wurde mittels eines mündlichen Interviews durchgeführt. Bevor die einzelnen Statements erläutert werden, eine kurze Vorstellung der interviewten Kollegen.

BOL Johann Edlinger: unterrichtet seit 33 Jahren an der LBS Langenlois. Davor war er Bankangestellter bei der Volksbank. Er besitzt das Lehramt für Politische Bildung sowie kaufmännische Fächer, Englisch und Deutsch. Nach der Einteilung der Berufsschulen unterrichtet er die Fachgruppe 1, allgemeinbildende und betriebswirtschaftliche Unterrichtsgegenstände.

Prof. Mag. Albert Mosgöller: unterrichtet an der HTBLuVA St. Pölten das 34. Dienstjahr. Lehramt für Geschichte, Sozialkunde, Staatsbürgerschaftskunde, Englisch. Politische Bildung wurde zu Beginn seiner Dienstzeit sporadisch unterrichtet, um das 10. DJ gehäuft. Danach wanderte der Gegenstand kurzfristig zu den wirtschaftlichen Fächern. Seit ca. 5 Jahren wird Politische Bildung wieder von Historikern unterrichtet und seitdem ist er regelmäßiger Bestandteil des Kollegen.

VTL Christian Schrammel, BEd: unterrichtet seit 5 Jahren an der LBS Langenlois. Davor war er 27 Jahre ebenfalls Bankangestellter. Er bekleidet das Lehramt für Politische Bildung, sowie Wirtschaftskunde mit Schriftverkehr, Rechnungswesen und Turnen. Nach der Einteilung der Berufsschulen unterrichtet er die Fachgruppe 1, allgemeinbildende und betriebswirtschaftliche Unterrichtsgegenstände.

Prof. Mag. Franz Wieser: unterrichtet an der HTBLuVA St. Pölten seit 1979. Lehramt für Geschichte, Leibesübungen und Staatsbürgerschaftskunde. Seit Beginn wird auch Politische Bildung unterrichtet, anfangs unter dem Gegenstandsnamen Staatsbürgerschaftskunde. Auch Kollege Wieser bestätigte, dass diese Unterrichtsinhalte vorübergehend bei den wirtschaftlichen Themen zu finden waren. Außerdem wird er derzeit in der Neuen Mittelschule mitverwendet.

9.1.1 Demokratie vs. Politiker

Laut Studien sind Jugendliche zwar von unserem politischen System der Demokratie überzeugt, sehen aber große Schwächen in der Durchführung durch die politisch verantwortlichen Personen. Inwieweit deckt sich dieses Bild mit Ihren Erfahrungen?

Edlinger: Nachdem ich circa 30 Jahre auch politische Bildung unterrichte, sieht man sehr wohl in allerletzter Zeit Veränderungen. Meine Erfahrungen im Großen und Ganzen sind, dass man sagen kann, es stimmt. Allerdings, Wählen mit 16, da haben wir für jene, die vor 4 Jahren, also 2008, erstmalig wählen durften, Schautafeln gestaltet, was das ist, welche Auswirkungen es hat, welche rechtliche und politische Grundlage zum Tragen kommt. Seitdem haben sie ein bisschen eine andere Einstellung dazu.

Mosgöller: Das ist so, es wird den meisten nicht abgenommen, was sie in der Wahlkabine tun. Außer denen, die sehr laut schreien, die bierzeltartige Tumulte veranstalten, also das wird von den Jugendlichen wahrgenommen. Aber wenn einer ruhig und vor allem sachlich argumentiert, das nicht. Vor allem wird auch von den Jugendlichen der Wahrheitsgehalt der Aussagen angezweifelt.

Schrammel: An und für sich haben sie kein großes Vertrauen in die Politik. Die Schülerinnen und Schüler, die wir haben werden großteils von politischen Parteien angesprochen die sehr großen Wirbel schlagen und die nicht unbedingt an der Regierung beteiligt sind. Ich glaube, dass die Jugendlichen das Vertrauen in die Politik, wenn es so weitergeht, ganz verlieren werden.

Wieser: Das deckt sich schon mit meinen Erfahrungen. Erstens haben sie keine Identitätsfiguren, wo sie sagen, ja, dessen Politik gefällt mir, aber das Hauptproblem sehe ich darin, dass die Masse der Jugendlichen keine Ahnung hat. Das ist eigentlich das Hauptproblem, ich unterrichte, wie eben gesagt, Politische Bildung, ich habe heuer eine zweite Klasse lange unterrichtet, die sind bei grundsätzlichen Fragen ahnungslos, obwohl sie schon wählen dürfen. Genauso ist es in der vierten Klasse, die sind ebenfalls ahnungslos, obwohl sie auch schon wählen dürfen. Die haben vom Wahlrecht und von der Ausrichtung der politischen Parteien nicht wirklich eine Ahnung, von den grundsätzlichen Sachen. Die wissen das, was in Schreimedien, Massenverdummungsblättern Österreich, Krone usw. oder im ORF an Schlagzeilen geliefert wird und das war es.

9.1.2 Politische Reife

Jugendliche sehen das Wählen mit 16 selbst skeptisch, Sie halten sich teilweise für zu jung und zu leicht beeinflussbar. Wie würden Sie die politische Reife von Jugendlichen hinsichtlich des Wählens einschätzen?

Edlinger: An und für sich sehr differenziert. Manche lassen sich sicher relativ leicht was einreden oder verführen, manche unterschätzt man, welches Backgroundwissen sie haben. Ich kann das aus dem einfachen Grund sagen, weil wir ein berufsschulweites Bild von den anderen Schulen haben, PB-Quiz bzw. Europaquiz heißt es jetzt. Da gibt es eine Landesausscheidung, dann ein Bundesfinale und da war ich einmal als Begleiter in Vorarlberg dabei. Da waren auch Gruppen aus HAK, HTL, Leute aus Berufsschulen und Hauptschulen dabei, also immer aus verschiedenen Schulgruppen. Was man dort erlebt, welches Wissen vorhanden ist, das ist nur erstaunlich. Das geht weit über meines hinaus, die wissen mehr als jeder andere. Also man muss das wirklich sehr differenziert sehen, man unterschätzt manche.

Mosgöller: Wenn ich meine eigene Tochter hernehme, die mich gefragt hat: „Papa, wen kann man wählen?", dann glaube ich auch, dass vielleicht für manche doch problematisch ist. Wo keine Vorbereitung durch die Schule erfolgt, dort ist es problematisch. Aber dort, wo die Vorbereitung erfolgt, da könnte ich mir schon vorstellen, dass die Jugendlichen, ja wofür, sagen wir einmal demokratische Reife, heranbilden und auch gewinnen kann. Dass sie verantwortungsbewusst wählen und dass sie sich die Parteiprogramme ansehen. Dass sie sich die Dinge, die für sie passen, heraussuchen und dem die Stimme geben, der dem am nächsten kommt. Das tun schon viele.

Schrammel: Ich glaube, dass viele Jugendliche durch das Elternhaus beeinflusst werden bzw. diese Schreitkampagnen einiger politischer Parteien. Wobei sich die einen Parteien erhofft haben, eben durch das Elternhaus, dass sie Stimmen der Kinder bekommen, dass sie dasselbe wählen wie die Eltern. Die anderen Parteien haben gehofft, dass sie durch lautstarkes Aufschreien in der Öffentlichkeit dann vielleicht bei der Jugend Stimmen bekommen. Grundsätzlich glaube ich, dass die Jugendlichen selbst nicht hundertprozentig überzeugt sind, dass sie das nötige Knowhow haben, die richtige Partei zu wählen. Ich glaube, dass sie auch selbst der Meinung sind, dass sie noch zu jung sind.

Wieser: Achtzig Prozent sind nicht reif, eine vernünftige Entscheidung zu fällen, die laufen irgendwelchen Schlagworten nach, was ich gerade gesagt habe [Anm.: siehe vorige Antwort].

9.1.3 Politikinteresse

Nur eine Minderheit der Jugendlichen gibt in Befragungen an, sich für Politik zu interessieren bzw. sich zumindest mehrmals pro Woche darüber zu informieren. Wie würden Sie nach Ihren Erfahrungen das politische Interesse Jugendlicher bewerten?

Edlinger: Ja, genauso wie vorhin, manche sehr wohl. Manche sagen, interessiert mich gar nicht, manche auch mit erstaunlichen Aussagen. Auch jetzt wieder oben die vierte Klasse, die sind schon 18, Maurer und Schalungsbauer, die treten demnächst zur Gesellenprüfung an. Allerdings die Fragestellungen und die Aussagen, da muss er sich beschäftigt haben, und das nicht nur mit Krone und Heute.

Mosgöller: Es ist eigentlich relativ gering, weil eben die Verlogenheit der Politik angeprangert wird. Dann „die reiten unser Land in den Graben", das ist das zweite und die Eurokrise ist das dritte. Das sind Zukunftsängste bei den Jugendlichen, die als Motive, sagen wir einmal, negativ beeinflussen.

Schrammel: Ich spreche jetzt von unseren Jugendlichen bzw. auch von meinem Kind in dem Alter, dass sie sehr geringes Interesse an der Politik haben und sich auch sehr wenig interessieren, also ich glaube, nicht zweimal pro Woche.

Wieser: Deckt sich mit meinen Erfahrungen. Die Klasse, die ich letztes Jahr in Zeitgeschichte und Wahlrecht unterrichtet habe, da waren ein bis zwei in der Klasse, die interessiert waren und die eine Ahnung gehabt haben. Der Rest war ahnungslos bis desinteressiert.

9.1.4 Informationsbeschaffung

Jugendliche holen sich Informationen über Politik vor allem durch Gespräche mit Eltern, Freunden bzw. in der Schule, und auch über Medien. Wie schätzen Sie die Wichtigkeit der unterschiedlichen Quellen für Jugendliche ein?

Edlinger: Also mehr als 50% sicherlich das Elternhaus, wenn es intakt ist, wenn es funktioniert, wenn eine gute Gesprächsbasis dort herrscht. Ansonsten glaube ich, eher Freunde, der Rest, der dann überbleibt, 30% bis 25% über Medien.

Mosgöller: Freunde glaube ich, ist Priorität eins, dann das Elternhaus prägt sicher, das ist keine Frage. Es können auch manchmal Lehrer prägen. Es gibt verschiedene Dinge, oder sie sind in einer Clique oder Jugendgruppe drinnen, die prägend wirkt.

Schrammel: Sehr wichtig ist, glaube ich, dass die Reife, die Palette des politischen Wissens in der Schule erklärt wird, näher gebracht wird. Vom Elternhaus wird auch sicher eine große Beeinflussung stattfinden. Beim Lesen ist es bei uns, glaube ich, bei unseren Jugendlichen nicht so sehr, dass alle Tageszeitungen lesen aus politischem Hintergrund.

Wieser: Was mir bei der Aufzählung fehlt, sind Jugendgruppen und Jugendvereine. Da habe ich auch schon von vielen gehört, die politisch interessiert waren, die, die eine Ahnung gehabt haben, waren bei einer politisch angehauchten oder überhaupt bei einer politischen Jugendorganisation dabei. Ansonsten, Zeitung lesen die wenigsten, außer die Gratiszeitungen, die es am Bahnhof gibt, Österreich und Heute, Qualitätszeitungen lesen sie überhaupt nicht.

9.1.5 Verteilung der Partizipation

Rund drei Viertel der Jugendlichen geben an, in ihrer Freizeit bei zumindest einer Organisation tätig zu sein, Spitzenreiter sind Sportvereine und Feuerwehr. Die Partizipation der Jugendlichen aus kleinen Gemeinden ist dabei auffallend größer. Warum glauben Sie sind Jugendliche "vom Land" hier aktiver?

Edlinger: Das ist relativ einfach zu erklären; durch die persönliche Nähe zu den Leuten bis zum Gemeinderat, bis zum Bürgermeister. Auch auf, aber nicht nur, Vereinsbasis oder Sportbasis, dort liegt auch dasselbe vor. Wir gehen es so an, in der dritten Klasse machen wir Gemeinde, jeder muss sagen, wo er herkommt. Da gibt es ein Blatt, das müssen sie ausfüllen, wer ist Bürgermeister, wie viele Gemeinderäte, welche Sitzverteilung gibt es, was sind die Aktivitäten, was steht an, wo gibt es Probleme. Und jeder muss das dann kurz vortragen. Dort haben sie eine Nähe, genauso ist es mit dem Feuerwehrkommandanten, sie kennen den Obmann vom Sportverein und für viele ist das natürlich ein Angebot.

Mosgöller: Weil ihnen andere Möglichkeiten fehlen, glaube ich, und es ist die einzige Möglichkeit, in ein soziales Gefüge zu kommen, oft am Land draußen. Ich sehe es bei meinem Buben, der sich seit seinem zehnten Lebensjahr für die Feuerwehr engagiert und der andere Dinge gegenüber der Feuerwehr zurückstellt. Das tritt in den Vordergrund, ganz klar.

Schrammel: Also dass sie aktiver sind, sehe ich auf jeden Fall auch so. Ich glaube, dass das Angebot, das am Land herrscht, nicht allzu groß ist. Es gibt Sportvereine und Feuerwehr. In Ballungszentren wie Wien gibt es Theater, gibt es Parks, gibt es Discos, gibt es andere Veranstaltungsmöglichkeiten, es ist breiter gestreut. Die Jugendlichen sind hin und her gerissen und glaube ich, wissen nicht so richtig, wo sie sich hinwenden sollen.

Wieser: Weil am Land der persönliche Kontakt zwischen den Vereinen und Vereinsverantwortlichen und den Jugendlichen stattfindet und sie persönlich angesprochen werden, oder weil ein oder mehrere Freunde da dabei sind und darum gehen sie auch dazu. In der Stadt ist alles anonym, da ist der persönliche Kontakt nicht da und somit kommt niemand. Wir haben das ähnliche Problem beim Tennisverein, Kinder, Nachwuchs kommen nur dort, wer persönlichen Kontakt von Funktionären oder Spielern zu den Eltern des Kindes hat. Dort, wo die Eltern oder Kinder keinen Bezug zu dem Verein haben, dort kommen sie auch nicht. Das ist in der Politik genauso.

9.1.6 Bildungsschichten vs. Politikinteresse

Als Endergebnis kann festgestellt werden, dass bildungsnähere Schichten eine größere Nähe zur Politik aufweisen, wogegen bei bildungsferneren Schichten die Verdrossenheit mit Politik größer ist. Was halten Sie von diesem Ergebnis?

Edlinger: Das kann ich im Großen und Ganzen eigentlich nur bestätigen. Es wird auch mit 18 manchen nicht gelingen, oder dass man einen Zugang dazu legt, und bei manchen ist es automatisch. Er fängt für sich selbst ein Thema an. So großartig Veränderungen herbeizuführen geht in der Schule, glaube ich, nicht wirklich immer.

Mosgöller: Ja, das ist schon richtig. Würde ich voll unterschreiben.

Schrammel: Ja, das würde ich meinen, dass das hundertprozentig stimmt auf unsere Jugendlichen bezogen. Dass im Vergleich mit schulischen Erfolgen oder mit Leistungswilligkeit auch diese Jugendlichen sich mehr mit Politik auseinandersetzen wie jene, die in der Schule kein so großes Interesse an den Tag legen.

Wieser: Kann ich weder falsifizieren noch verifizieren. Mit diesem Aspekt habe ich mich eigentlich noch überhaupt nicht befasst, muss ich ganz ehrlich sagen. Ich habe also die politisch interessierten bei mir im Unterricht eigentlich nicht nach ihrem sozialen Umfeld gefragt.

9.1.7 Abschließende Statements

Gibt es ein abschließendes Statement, welches Sie über Jugend und Politik noch sagen möchten?

Edlinger: Generell würde ich sagen, also nach meiner jahrzehntelangen Erfahrung, im Einzelfall unterschätzt man die Jugendlichen, das Wissen und das Interesse, das sie haben.

Mosgöller: Die Jugend ist reifer, als man ihr teilweise zutraut. Sie hinterfragen Dinge in aller Regel sehr gründlich. Oder ein anderes Extrem, das es auch immer gibt, es ist ihnen alles wurscht. Auf der anderen Seite also möchten sie sich doch ein Bild machen und wollen für sich selbst wirklich seriös eine Wahlentscheidung ergründen. Auf der anderen Seite natürlich laufen manche den Slogans nach und wenn ihnen ein fetziges Logo daherkommt vom Herrn Strache, dann ist das für sie klass und er ist ein klasser Bursch und dem gibt man die Stimme. Das ist also eine gewisse Gefahr, weil doch, wenn dies nicht irgendwoher erklärt wird, was dies für Konsequenzen haben könnte, dieses Wahlverhalten. Ich finde dies ein bisschen problematisch, es gehört auf alle Fälle der Staatskundeunterricht vor der Erstwahl in die Schule.

Schrammel: Da muss ich jetzt ein bisschen nachdenken. Ich glaube, dass die Jugendlichen ihre Reife zu wählen erst mit 18 haben sollten oder dass sie besser von der Politik informiert werden sollten. Aber es sollten neutrale Informationen geboten werden und nicht so parteipolitische Informationen, also allgemeine politische Informationen, nicht speziell parteipolitische.

Wieser: Die Jugend wäre für Politik zu interessieren, wenn die Qualität besser wäre und wenn Zukunftslösungen angeboten würden. Es werden ja keine Zukunftslösungen angeboten, bei uns wird nur Tagespolitik und Effekthascherei betrieben.

9.2 Fragebogen

Donau-Universität Krems
Plattform Politische Kommunikation
Donau Universität Krems
Dr.-Karl-Dorrekstr. 30
3500 Krems

Seminararbeit

Dipl.Päd. Ing. Friedrich
Wilhelm

<u>Fragebogen zum Wahlrecht ab 16 Jahren</u>

Bitte beantworten Sie die Fragen vollständig und wahrheitsgemäß durch deutliches Ankreuzen, jede einzelne Frage ist wichtig für die Gesamtauswertung.
Es gibt keine „richtigen" oder „falschen" Antworten, dies ist **KEIN** Test.
Es werden keinerlei Daten abgefragt, die Rückschlüsse auf Ihre Person zulassen, die Auswertung ist vollständig anonym.

1. **Wie alt sind Sie?**

a) 16 und darunter	☐
b) 17	☐
c) 18 und darüber	☐

2. **Leben Sie eher in einem**

a) städtischen Bereich (ab 5.001 Einwohner)	☐
b) regionalem Zentrum (2.501 – 5.000 Einwohner)	☐
c) ländlichen Raum/ Dorf (unter 2.500 Einwohner)	☐
d) weiß ich nicht	☐

3. **Sind Sie an Politik: sehr, ziemlich, wenig oder gar nicht interessiert?**

a) sehr interessiert	☐
b) ziemlich interessiert	☐
c) wenig interessiert	☐
d) gar nicht interessiert	☐
e) weiß ich nicht	☐

4. **Wie oft verfolgen Sie politische Themen im Fernsehen, im Radio, im Internet oder in Tageszeitungen: täglich, mehrmals pro Woche, ein- oder zweimal pro Woche, seltener, oder nie?**

Bitte kreuzen Sie nur eine Antwort an!

a) täglich	☐
b) mehrmals pro Woche	☐
c) ein- oder zweimal pro Woche	☐
d) seltener	☐
e) nie	☐

5. **Wie lange beschäftigen Sie sich pro Woche mit Politik (genau bei Radio oder Fernsehen zuhören bzw. zusehen, in der Zeitung Politikthemen lesen, diskutieren, im Internet recherchieren)?**

a) keine Beschäftigung mit Politik	☐
b) unter 5 Minuten	☐
c) 6 – 10 Minuten	☐
d) 11 – 20 Minuten	☐
e) 21 – 40 Minuten	☐
f) 41 – 60 Minuten	☐
g) Über 1 Stunde	☐

6. **In welchem Medium würden Sie sich hauptsächlich über eine Wahl informieren: im Fernsehen, im Radio, in Zeitungen oder im Internet?**

Bitte kreuzen Sie maximal zwei Antworten an!

a) Fernsehen	☐
b) Radio	☐
c) Zeitungen	☐
d) Internet	☐
e) in keinem davon	☐
f) andere (welche?)	

Bitte beantworten Sie Frage 7 nur, wenn Sie in Frage 6 auch das Internet als Informationsquelle angegeben haben, sonst setzen Sie mit Frage 8 fort.

7. **Falls bei 6. Internet angekreuzt wurde, wo informieren Sie sich hauptsächlich im Internet?**

   Bitte kreuzen Sie maximal drei Antworten an!

a)	auf den offiziellen Parteiseiten	☐
b)	per Mailanfrage direkt bei den Parteien	☐
c)	bei Social Networks (Facebook, Twitter o.Ä.)	☐
d)	in einschlägigen Foren	☐
e)	auf Nachrichtenseiten (ORF, Zeitungen o.Ä.)	☐
f)	Wikipedia	☐
g)	WikiLeaks	☐
h)	andere (welche?)	

8. **Wenn am kommenden Sonntag Nationalratswahlen wären, dann würde ich: sehr sicher, sicher, eher nicht, nicht wählen gehen?**

   Bitte kreuzen Sie nur eine Antwort an!

a)	sehr sicher	☐
b)	sicher	☐
c)	eher nicht	☐
d)	nicht	☐

Bitte beantworten Sie Frage 9 nur, wenn Sie bei Frage 8 „nicht" (ich würde nicht wählen gehen) angekreuzt haben, sonst setzen Sie mit Frage 10 fort.

9. **Warum würden Sie nicht wählen gehen?**

10. **Wie würden sie sich im Vorfeld einer Wahl informieren bzw. mit anderen austauschen?**

Bitte kreuzen Sie maximal zwei Antworten an!

a) durch Gespräche mit Freunden	☐
b) durch Gespräche mit Eltern	☐
c) durch den Besuch von Wahlkampfveranstaltungen	☐
d) durch den politischen Unterricht bzw. Gespräche mit diesem Lehrer	☐
e) durch Wahlkabine.at	☐
f) durch Wahlwerbung (Straße, Plakate, Postwurfsendungen)	☐
g) durch Medien (Zeitung, Radio Fernsehen)	☐

11. **Inwiefern stimmen Sie folgenden Aussagen: sehr, eher, eher nicht oder überhaupt nicht zu?**

	Stimme sehr zu	Stimme eher zu	Stimme eher nicht zu	Stimme überhaupt nicht zu
a) Wählen ist die Pflicht eines jeden Bürgers	☐	☐	☐	☐
b) Ich würde wohl wählen gehen, weil meine Eltern auch zur Wahl gehen	☐	☐	☐	☐
c) wählen zu gehen ist wichtig für die Demokratie in unserem Land	☐	☐	☐	☐
d) indem ich wählen gehe, kann ich die Politik dieses Landes beeinflussen	☐	☐	☐	☐
e) die Demokratie mag Probleme mit sich bringen, aber sie ist besser als jede andere Regierungsform	☐	☐	☐	☐
f) Politik ist ein Weg, um eine bessere Welt zu schaffen	☐	☐	☐	☐
g) Politiker kümmern sich nicht um die Dinge, die für Menschen wie mich wichtig sind	☐	☐	☐	☐
h) wählen zu gehen ändert nichts an der Politik	☐	☐	☐	☐
i) Politiker machen nur leere Versprechungen	☐	☐	☐	☐

12. Sind Sie bereits in einer der nachfolgenden Organisationen aktiv?
Bitte kreuzen Sie alle Organisationen an, in denen Sie aktiv tätig sind!

a)	in einer Jugendorganisation einer politischen Partei	☐
b)	in einer politischen Partei	☐
c)	in der freiwilligen Feuerwehr	☐
d)	in einer NGO (z.B. Globalisierung, Umwelt-/ Tierschutz, Menschenrechte)	☐
e)	in einem Orchester	☐
f)	in einem Sport- oder Jugendverein	☐
g)	sonstiges (welche?)	
h)	ich bin in keiner Organisation tätig	☐

13. Falls Sie noch nicht aktiv tätig sind: es gibt verschiedene Wege, politisch aktiv zu sein. Wären Sie sicher bereit, eher bereit, eher nicht bereit oder sicher nicht bereit, die folgenden Dinge zu tun oder haben Sie schon etwas gemacht?
Bitte kreuzen Sie nur eine Antwort pro Zeile an!

		Habe ich schon gemacht	Sicher bereit	Eher bereit	Eher nicht bereit	Sicher nicht bereit	Weiß nicht
a)	wählen gehen	☐	☐	☐	☐	☐	☐
b)	an Demo teilnehmen	☐	☐	☐	☐	☐	☐
c)	Unterschriften sammeln	☐	☐	☐	☐	☐	☐
d)	Politiker kontaktieren	☐	☐	☐	☐	☐	☐
e)	in Wahlkampf mitarbeiten	☐	☐	☐	☐	☐	☐
f)	aus Protest nicht wählen	☐	☐	☐	☐	☐	☐
g)	eine Partei nur aus Protest wählen	☐	☐	☐	☐	☐	☐
h)	für NGO arbeiten	☐	☐	☐	☐	☐	☐

14. Wie wahrscheinlich ist es, dass Sie den Sender wechseln, wenn Sie eine Wahlwerbung im Fernsehen oder im Radio sehen oder hören?
Bitte kreuzen Sie nur eine Antwort pro Zeile an!

		Sehr wahrscheinlich	Eher wahrscheinlich	Eher unwahrscheinlich	Sehr unwahrscheinlich
a)	Fernsehen	☐	☐	☐	☐
b)	Radio	☐	☐	☐	☐

15. **Stellen Sie sich vor, dass es unterschiedliche Möglichkeiten gibt, am Wahltag Ihre Stimme abzugeben: Wahl in der Wahlkabine im Wahllokal, Briefwahl, e-voting am Computer, SMS per Handy. Wenn Sie die Möglichkeit hätten, welche Form der Stimmabgabe würden Sie dann bevorzugen?**

Bitte kreuzen Sie nur eine Antwort an!

a) Wahlkabine in einem Wahllokal	☐
b) Briefwahl	☐
c) e-voting (mit einem Computer und im Internet)	☐
d) per SMS mit dem Handy	☐

16. **Stimmen Sie folgenden Aussagen: sehr, eher, eher nicht oder überhaupt nicht zu?**

Bitte kreuzen Sie nur eine Antwort pro Zeile an!

	Stimme sehr zu	Stimme eher zu	Stimme eher nicht zu	Stimme überhaupt nicht zu
a) Mit 16 ist man noch zu jung um eine bewusste Wahlentscheidung zu treffen	☐	☐	☐	☐
b) Mit 16 weiß man bereits genug über Politik um wählen zu gehen	☐	☐	☐	☐
c) Mit 16 ist man noch nicht von Entscheidungen der Politik betroffen	☐	☐	☐	☐

17. **Bitte vervollständigen Sie: Wählen mit 16 finde ich gut oder schlecht, weil…**

18. **Bitte vervollständigen Sie: Unser politisches System ist gut oder schlecht, weil…**

Danke für Ihre Mitarbeit!

9.3 Häufigkeitsanalysen

Alter

		Häufigkeit	Prozent	Gültige Prozente	Kumulierte Prozente
Gültig	16 und darunter	32	20,0	20,0	20,0
	17	59	36,9	36,9	56,9
	18 und darüber	69	43,1	43,1	100,0
	Gesamt	160	100,0	100,0	

Wohnort

		Häufigkeit	Prozent	Gültige Prozente	Kumulierte Prozente
Gültig	weiß ich nicht	2	1,3	1,3	1,3
	unter 2.500	97	60,6	60,6	61,9
	2501 - 5000	34	21,3	21,3	83,1
	ab 5.001	27	16,9	16,9	100,0
	Gesamt	160	100,0	100,0	

Politikinteresse

		Häufigkeit	Prozent	Gültige Prozente	Kumulierte Prozente
Gültig	weiß ich nicht	6	3,8	3,8	3,8
	gar nicht interessiert	16	10,0	10,0	13,8
	wenig interessiert	94	58,8	58,8	72,5
	ziemlich interessiert	37	23,1	23,1	95,6
	sehr interessiert	7	4,4	4,4	100,0
	Gesamt	160	100,0	100,0	

Themendauer grob

		Häufigkeit	Prozent	Gültige Prozente	Kumulierte Prozente
Gültig	nie	16	10,0	10,0	10,0
	seltener	48	30,0	30,0	40,0
	ein- oder zweimal pro Woche	47	29,4	29,4	69,4
	mehrmals pro Woche	35	21,9	21,9	91,3
	täglich	14	8,8	8,8	100,0
	Gesamt	160	100,0	100,0	

Themendauer genau

		Häufigkeit	Prozent	Gültige Prozente	Kumulierte Prozente
Gültig	keine Beschäftigung mit Politik	20	12,5	12,5	12,5
	unter 5 Minuten	47	29,4	29,4	41,9
	6 - 10 Minuten	36	22,5	22,5	64,4
	11 - 20 Minuten	32	20,0	20,0	84,4
	21 - 40 Minuten	18	11,3	11,3	95,6
	41 - 60 Minuten	3	1,9	1,9	97,5
	über 1 Stunde	4	2,5	2,5	100,0
	Gesamt	160	100,0	100,0	

Medium

		Häufigkeit	Prozent	Gültige Prozente	Kumulierte Prozente
Gültig	0	2	1,3	1,3	1,3
	Fernsehen	96	60,0	60,0	61,3
	Radio	11	6,9	6,9	68,1
	Zeitungen	31	19,4	19,4	87,5
	Internet	14	8,8	8,8	96,3
	in keinem davon	5	3,1	3,1	99,4
	andere	1	,6	,6	100,0
	Gesamt	160	100,0	100,0	

Medium

		Häufigkeit	Prozent	Gültige Prozente	Kumulierte Prozente
Gültig	0	57	35,6	35,6	35,6
	Fernsehen	1	,6	,6	36,3
	Radio	10	6,3	6,3	42,5
	Zeitungen	41	25,6	25,6	68,1
	Internet	47	29,4	29,4	97,5
	in keinem davon	3	1,9	1,9	99,4
	andere	1	,6	,6	100,0
	Gesamt	160	100,0	100,0	

Internet genau

		Häufigkeit	Prozent	Gültige Prozente	Kumulierte Prozente
Gültig	0	100	62,5	62,5	62,5
	Parteiseiten	19	11,9	11,9	74,4
	Mail	3	1,9	1,9	76,3
	Facebook	15	9,4	9,4	85,6
	Foren	1	,6	,6	86,3
	ORF	19	11,9	11,9	98,1
	Wikipedia	3	1,9	1,9	100,0
	Gesamt	160	100,0	100,0	

Internet genau

		Häufigkeit	Prozent	Gültige Prozente	Kumulierte Prozente
Gültig	0	129	80,6	80,6	80,6
	Facebook	7	4,4	4,4	85,0
	Foren	3	1,9	1,9	86,9
	ORF	12	7,5	7,5	94,4
	Wikipedia	8	5,0	5,0	99,4
	andere	1	,6	,6	100,0
	Gesamt	160	100,0	100,0	

Internet genau

		Häufigkeit	Prozent	Gültige Prozente	Kumulierte Prozente
Gültig	0	151	94,4	94,4	94,4
	ORF	7	4,4	4,4	98,8
	Wikipedia	2	1,3	1,3	100,0
	Gesamt	160	100,0	100,0	

würde wählen

		Häufigkeit	Prozent	Gültige Prozente	Kumulierte Prozente
Gültig	nicht	19	11,9	11,9	11,9
	eher nicht	31	19,4	19,4	31,3
	sicher	51	31,9	31,9	63,1
	sehr sicher	59	36,9	36,9	100,0
	Gesamt	160	100,0	100,0	

Warum nicht wählen

		Häufigkeit	Prozent	Gültige Prozente	Kumulierte Prozente
Gültig	leer	136	85,0	85,0	85,0
	Eintrag sinnvoll	19	11,9	11,9	96,9
	Eintrag sinnlos	5	3,1	3,1	100,0
	Gesamt	160	100,0	100,0	

Informationsaustausch

		Häufigkeit	Prozent	Gültige Prozente	Kumulierte Prozente
Gültig	0	6	3,8	3,8	3,8
	Gespräch Freunde	69	43,1	43,1	46,9
	Gespräch Eltern	35	21,9	21,9	68,8
	Wahlkampfveranstaltungen	6	3,8	3,8	72,5
	Politischer Unterricht	9	5,6	5,6	78,1
	Wahlkabine.at	2	1,3	1,3	79,4
	Wahlwerbung	12	7,5	7,5	86,9
	Medien	21	13,1	13,1	100,0
	Gesamt	160	100,0	100,0	

92

Informationsaustausch

		Häufigkeit	Prozent	Gültige Prozente	Kumulierte Prozente
Gültig	0	57	35,6	35,6	35,6
	Gespräch Eltern	20	12,5	12,5	48,1
	Wahlkampfveranstaltungen	2	1,3	1,3	49,4
	Politischer Unterricht	2	1,3	1,3	50,6
	Wahlkabine.at	2	1,3	1,3	51,9
	Wahlwerbung	12	7,5	7,5	59,4
	Medien	65	40,6	40,6	100,0
	Gesamt	160	100,0	100,0	

Sinn: Pflicht

		Häufigkeit	Prozent	Gültige Prozente	Kumulierte Prozente
Gültig	0	3	1,9	1,9	1,9
	stimme überhaupt nicht zu	24	15,0	15,0	16,9
	stimme eher nicht zu	27	16,9	16,9	33,8
	stimme eher zu	52	32,5	32,5	66,3
	stimme sehr zu	54	33,8	33,8	100,0
	Gesamt	160	100,0	100,0	

Sinn: Eltern

		Häufigkeit	Prozent	Gültige Prozente	Kumulierte Prozente
Gültig	0	4	2,5	2,5	2,5
	stimme überhaupt nicht zu	54	33,8	33,8	36,3
	stimme eher nicht zu	39	24,4	24,4	60,6
	stimme eher zu	43	26,9	26,9	87,5
	stimme sehr zu	20	12,5	12,5	100,0
	Gesamt	160	100,0	100,0	

Sinn: Demokratie

		Häufigkeit	Prozent	Gültige Prozente	Kumulierte Prozente
Gültig	0	3	1,9	1,9	1,9
	stimme überhaupt nicht zu	2	1,3	1,3	3,1
	stimme eher nicht zu	9	5,6	5,6	8,8
	stimme eher zu	58	36,3	36,3	45,0
	stimme sehr zu	88	55,0	55,0	100,0
	Gesamt	160	100,0	100,0	

Sinn: Einfluss

		Häufigkeit	Prozent	Gültige Prozente	Kumulierte Prozente
Gültig	0	2	1,3	1,3	1,3
	stimme überhaupt nicht zu	12	7,5	7,5	8,8
	stimme eher nicht zu	39	24,4	24,4	33,1
	stimme eher zu	61	38,1	38,1	71,3
	stimme sehr zu	46	28,7	28,7	100,0
	Gesamt	160	100,0	100,0	

Sinn: Regierungsform

		Häufigkeit	Prozent	Gültige Prozente	Kumulierte Prozente
Gültig	0	2	1,3	1,3	1,3
	stimme überhaupt nicht zu	9	5,6	5,6	6,9
	stimme eher nicht zu	24	15,0	15,0	21,9
	stimme eher zu	64	40,0	40,0	61,9
	stimme sehr zu	61	38,1	38,1	100,0
	Gesamt	160	100,0	100,0	

Sinn: Weg

		Häufigkeit	Prozent	Gültige Prozente	Kumulierte Prozente
Gültig	0	2	1,3	1,3	1,3
	stimme überhaupt nicht zu	14	8,8	8,8	10,0
	stimme eher nicht zu	50	31,3	31,3	41,3
	stimme eher zu	75	46,9	46,9	88,1
	stimme sehr zu	19	11,9	11,9	100,0
	Gesamt	160	100,0	100,0	

Sinn: Dinge

		Häufigkeit	Prozent	Gültige Prozente	Kumulierte Prozente
Gültig	0	2	1,3	1,3	1,3
	stimme überhaupt nicht zu	6	3,8	3,8	5,0
	stimme eher nicht zu	52	32,5	32,5	37,5
	stimme eher zu	67	41,9	41,9	79,4
	stimme sehr zu	33	20,6	20,6	100,0
	Gesamt	160	100,0	100,0	

Sinn: nichts ändern

		Häufigkeit	Prozent	Gültige Prozente	Kumulierte Prozente
Gültig	0	2	1,3	1,3	1,3
	stimme überhaupt nicht zu	42	26,3	26,3	27,5
	stimme eher nicht zu	59	36,9	36,9	64,4
	stimme eher zu	40	25,0	25,0	89,4
	stimme sehr zu	17	10,6	10,6	100,0
	Gesamt	160	100,0	100,0	

Sinn: Versprechungen

		Häufigkeit	Prozent	Gültige Prozente	Kumulierte Prozente
Gültig	0	2	1,3	1,3	1,3
	stimme überhaupt nicht zu	6	3,8	3,8	5,0
	stimme eher nicht zu	29	18,1	18,1	23,1
	stimme eher zu	75	46,9	46,9	70,0
	stimme sehr zu	48	30,0	30,0	100,0
	Gesamt	160	100,0	100,0	

Organisationen tätig

		Häufigkeit	Prozent	Gültige Prozente	Kumulierte Prozente
Gültig	0	8	5,0	5,0	5,0
	Jugendorganisation	13	8,1	8,1	13,1
	Partei	3	1,9	1,9	15,0
	Feuerwehr	27	16,9	16,9	31,9
	NGO	1	,6	,6	32,5
	Orchester	6	3,8	3,8	36,3
	Sport	47	29,4	29,4	65,6
	sonstige	3	1,9	1,9	67,5
	keine	52	32,5	32,5	100,0
	Gesamt	160	100,0	100,0	

Organisationen tätig

		Häufigkeit	Prozent	Gültige Prozente	Kumulierte Prozente
Gültig	0	131	81,9	81,9	81,9
	Feuerwehr	8	5,0	5,0	86,9
	NGO	1	,6	,6	87,5
	Orchester	1	,6	,6	88,1
	Sport	15	9,4	9,4	97,5
	sonstige	4	2,5	2,5	100,0
	Gesamt	160	100,0	100,0	

Organisationen tätig

		Häufigkeit	Prozent	Gültige Prozente	Kumulierte Prozente
Gültig	0	150	93,8	93,8	93,8
	Orchester	1	,6	,6	94,4
	Sport	8	5,0	5,0	99,4
	sonstige	1	,6	,6	100,0
	Gesamt	160	100,0	100,0	

Organisationen tätig

		Häufigkeit	Prozent	Gültige Prozente	Kumulierte Prozente
Gültig	0	158	98,8	98,8	98,8
	Sport	1	,6	,6	99,4
	sonstige	1	,6	,6	100,0
	Gesamt	160	100,0	100,0	

Aktiv: wählen

		Häufigkeit	Prozent	Gültige Prozente	Kumulierte Prozente
Gültig	weiß nicht	16	10,0	10,0	10,0
	sicher nicht bereit	10	6,3	6,3	16,3
	eher nicht bereit	5	3,1	3,1	19,4
	eher bereit	9	5,6	5,6	25,0
	sicher bereit	37	23,1	23,1	48,1
	habe ich schon gemacht	83	51,9	51,9	100,0
	Gesamt	160	100,0	100,0	

Aktiv: Demo

		Häufigkeit	Prozent	Gültige Prozente	Kumulierte Prozente
Gültig	weiß nicht	28	17,5	17,5	17,5
	sicher nicht bereit	26	16,3	16,3	33,8
	eher nicht bereit	35	21,9	21,9	55,6
	eher bereit	25	15,6	15,6	71,3
	sicher bereit	13	8,1	8,1	79,4
	habe ich schon gemacht	33	20,6	20,6	100,0

Aktiv: Demo

		Häufigkeit	Prozent	Gültige Prozente	Kumulierte Prozente
Gültig	weiß nicht	28	17,5	17,5	17,5
	sicher nicht bereit	26	16,3	16,3	33,8
	eher nicht bereit	35	21,9	21,9	55,6
	eher bereit	25	15,6	15,6	71,3
	sicher bereit	13	8,1	8,1	79,4
	habe ich schon gemacht	33	20,6	20,6	100,0
	Gesamt	160	100,0	100,0	

Aktiv: U-schriften

		Häufigkeit	Prozent	Gültige Prozente	Kumulierte Prozente
Gültig	weiß nicht	24	15,0	15,0	15,0
	sicher nicht bereit	31	19,4	19,4	34,4
	eher nicht bereit	38	23,8	23,8	58,1
	eher bereit	36	22,5	22,5	80,6
	sicher bereit	16	10,0	10,0	90,6
	habe ich schon gemacht	15	9,4	9,4	100,0
	Gesamt	160	100,0	100,0	

Aktiv: Kontakt

		Häufigkeit	Prozent	Gültige Prozente	Kumulierte Prozente
Gültig	weiß nicht	25	15,6	15,6	15,6
	sicher nicht bereit	53	33,1	33,1	48,8
	eher nicht bereit	43	26,9	26,9	75,6
	eher bereit	24	15,0	15,0	90,6
	sicher bereit	11	6,9	6,9	97,5
	habe ich schon gemacht	4	2,5	2,5	100,0
	Gesamt	160	100,0	100,0	

Aktiv: Wahlkampf

		Häufigkeit	Prozent	Gültige Prozente	Kumulierte Prozente
Gültig	weiß nicht	23	14,4	14,4	14,4
	sicher nicht bereit	57	35,6	35,6	50,0
	eher nicht bereit	50	31,3	31,3	81,3
	eher bereit	16	10,0	10,0	91,3
	sicher bereit	8	5,0	5,0	96,3
	habe ich schon gemacht	6	3,8	3,8	100,0
	Gesamt	160	100,0	100,0	

Aktiv: nicht wählen

		Häufigkeit	Prozent	Gültige Prozente	Kumulierte Prozente
Gültig	weiß nicht	30	18,8	18,8	18,8
	sicher nicht bereit	47	29,4	29,4	48,1
	eher nicht bereit	38	23,8	23,8	71,9
	eher bereit	16	10,0	10,0	81,9
	sicher bereit	20	12,5	12,5	94,4
	habe ich schon gemacht	9	5,6	5,6	100,0
	Gesamt	160	100,0	100,0	

Aktiv: Parteiprotest

		Häufigkeit	Prozent	Gültige Prozente	Kumulierte Prozente
Gültig	weiß nicht	20	12,5	12,5	12,5
	sicher nicht bereit	74	46,3	46,3	58,8
	eher nicht bereit	34	21,3	21,3	80,0
	eher bereit	18	11,3	11,3	91,3
	sicher bereit	8	5,0	5,0	96,3
	habe ich schon gemacht	6	3,8	3,8	100,0
	Gesamt	160	100,0	100,0	

Aktiv: NGO

		Häufigkeit	Prozent	Gültige Prozente	Kumulierte Prozente
Gültig	weiß nicht	55	34,4	34,4	34,4
	sicher nicht bereit	39	24,4	24,4	58,8
	eher nicht bereit	32	20,0	20,0	78,8
	eher bereit	23	14,4	14,4	93,1
	sicher bereit	6	3,8	3,8	96,9
	habe ich schon gemacht	5	3,1	3,1	100,0
	Gesamt	160	100,0	100,0	

Sender FS

		Häufigkeit	Prozent	Gültige Prozente	Kumulierte Prozente
Gültig	0	7	4,4	4,4	4,4
	sehr unwahrscheinlich	26	16,3	16,3	20,6
	eher unwahrscheinlich	36	22,5	22,5	43,1
	eher wahrscheinlich	42	26,3	26,3	69,4
	sehr wahrscheinlich	49	30,6	30,6	100,0
	Gesamt	160	100,0	100,0	

Sender Radio

		Häufigkeit	Prozent	Gültige Prozente	Kumulierte Prozente
Gültig	0	8	5,0	5,0	5,0
	sehr unwahrscheinlich	48	30,0	30,0	35,0
	eher unwahrscheinlich	43	26,9	26,9	61,9
	eher wahrscheinlich	29	18,1	18,1	80,0
	sehr wahrscheinlich	32	20,0	20,0	100,0
	Gesamt	160	100,0	100,0	

Arten der Stimmabgabe

		Häufigkeit	Prozent	Gültige Prozente	Kumulierte Prozente
Gültig	0	5	3,1	3,1	3,1
	Wahllokal	80	50,0	50,0	53,1
	Briefwahl	10	6,3	6,3	59,4
	e-voting	33	20,6	20,6	80,0
	SMS	32	20,0	20,0	100,0
	Gesamt	160	100,0	100,0	

16 zu jung

		Häufigkeit	Prozent	Gültige Prozente	Kumulierte Prozente
Gültig	0	2	1,3	1,3	1,3
	stimme überhaupt nicht zu	35	21,9	21,9	23,1
	stimme eher nicht zu	38	23,8	23,8	46,9
	stimme eher zu	49	30,6	30,6	77,5
	stimme sehr zu	36	22,5	22,5	100,0
	Gesamt	160	100,0	100,0	

16 weiß genug

		Häufigkeit	Prozent	Gültige Prozente	Kumulierte Prozente
Gültig	0	2	1,3	1,3	1,3
	stimme überhaupt nicht zu	27	16,9	16,9	18,1
	stimme eher nicht zu	63	39,4	39,4	57,5
	stimme eher zu	49	30,6	30,6	88,1
	stimme sehr zu	19	11,9	11,9	100,0
	Gesamt	160	100,0	100,0	

16 nicht betroffen

		Häufigkeit	Prozent	Gültige Prozente	Kumulierte Prozente
Gültig	0	4	2,5	2,5	2,5
	stimme überhaupt nicht zu	69	43,1	43,1	45,6
	stimme eher nicht zu	48	30,0	30,0	75,6
	stimme eher zu	23	14,4	14,4	90,0
	stimme sehr zu	16	10,0	10,0	100,0
	Gesamt	160	100,0	100,0	

16 gut oder schlecht

		Häufigkeit	Prozent	Gültige Prozente	Kumulierte Prozente
Gültig	leer	46	28,7	30,1	30,1
	Eintrag sinnvoll	106	66,3	69,3	99,3
	Eintrag sinnlos	1	,6	,7	100,0
	Gesamt	153	95,6	100,0	
Fehlend	System	7	4,4		
Gesamt		160	100,0		

System gut oder schlecht

		Häufigkeit	Prozent	Gültige Prozente	Kumulierte Prozente
Gültig	leer	56	35,0	38,1	38,1
	Eintrag sinnvoll	90	56,3	61,2	99,3
	Eintrag sinnlos	1	,6	,7	100,0
	Gesamt	147	91,9	100,0	
Fehlend	System	13	8,1		
Gesamt		160	100,0		

Autorenprofil

Dipl.Päd. Ing. Friedrich Wilhelm wurde 1964 in St. Pölten geboren. Nach einer bewegten beruflichen Laufbahn als Lichttechniker im Bühnenbereich, entschloss er sich dazu, seine Kenntnisse im technischen Bereich zu vertiefen und legte eine Meisterprüfung sowie die technische Matura der Fachrichtung Elektrotechnik ab. Anschließend fand er seinen Platz in der Ausbildung, wo er auch die Lehramtsprüfung zu den fachpraktischen und fachtheoretischen Lehrfächern absolvierte. Während seiner Arbeit mit den Jugendlichen entwickelte er ein Interesse an dem sozialen Verhalten seiner Studenten. Getrieben durch seinen Wissensdurst erweiterte er seine Kenntnisse zu dieser Thematik durch das Studium der politischen Bildung an der Donau Universität Krems. Hier galt das Interesse dem Wahlverhalten Jugendlicher, speziell seiner Zielgruppe. Dieses Studium schloss er im Jahre 2012 mit der Erlangung des akademischen Grades Master of Science erfolgreich ab.